ÁPEIRON

Anaximandro, el gran filósofo griego, creía que el origen de todo era el ápeiron, término con el cual se define la materia indeterminada e infinita: se dice que **"todo sale y todo vuelve al ápeiron según un ciclo necesario"**.

Nuestra interpretación gráfica del ápeiron, creada a partir del símbolo del infinito, representa al ser y los cuatro elementos (aire, agua, tierra y fuego) como unidad del mismo.

En el sello editorial Ápeiron los lectores podrán encontrar obras sobre bienestar, salud, crecimiento personal y búsqueda del equilibrio entre mente y cuerpo.

El fuego sagrado de nuestra energía sexual

El secreto al descubierto

Coline Jorand

Traducción del francés
Jorge Eduardo Salgar

ÁPEIRON
Colombia • México • Perú

Jorand, Coline
  El fuego sagrado de nuestra energía sexual / Coline Jorand ;
traducción Jorge Eduardo Salgar. -- Bogotá : Panamericana
Editorial, 2017.
  112 páginas : ilustraciones ; 23 cm.
  Título original : Le feu sacré de notre énergie sexuelle.
  ISBN 978-958-30-5639-0
  1. Sexualidad 2. Masaje tántrico 3. Masaje sensitivo I. Salgar, Jorge
Eduardo, traductor II. Tít.
  155.32 cd 21 ed.
  A1580880

    CEP-Banco de la República-Biblioteca Luis Ángel Arango

Primera edición en Panamericana Editoria Ltda., bajo el sello Ápeiron,
enero de 2018
© 2012 Guy Trédaniel Éditeur
© 2017 Panamericana Editorial Ltda., de la versión en español.
Calle 12 No. 34-30, Tel.: (57 1) 3649000
Fax: (57 1) 2373805
www.panamericanaeditorial.com
Tienda virtual: www.panamericana.com.co
Bogotá D. C., Colombia

Editor
Panamericana Editorial Ltda.
Edición
Luisa Noguera Arrieta
Traducción del francés
Jorge Eduardo Salgar
Diagramación
Diego Martínez Celis
Imagen de cubierta
© illustrissima / Shutterstock

ISBN 978-958-30-5639-0

Impreso por Panamericana Formas e Impresos S.A.
Calle 65 No. 95-28, Tels.: (571) 4302110-4300355
Fax: (571) 2763008
Bogotá D.C., Colombia
Quien solo actúa como impresor.
Impreso en Colombia – *Printed in Colombia*

Contenido

Prefacio

Escribir un prefacio de la obra de nuestra amiga Coline es un placer, pues somos sensibles a los testimonios de la sexualidad sagrada.

Iniciadora de las terapias "el tao del masaje sensual", Coline abre una vía a explorar profundamente. Este masaje forma parte de las "perlas" para poner en práctica en el camino de la sexualidad sagrada.

Su acercamiento se une a las enseñanzas de la tradición tántrica, cuya ambición es:

- Sensibilizar el cuerpo entero a las sensaciones del éxtasis; a no limitar el gozo sexual al orgasmo y no concentrar nuestra atención únicamente en la estimulación de los genitales.

- Respetar plenamente al otro y considerarlo como una parte divina de la humanidad.

En otras palabras, recibir este mensaje engrandece el campo orgásmico. Es darle libertad al corazón: la vulnerabilidad del masajista, así como de la del masajeado, está movilizada pues no hay una meta ni un resultado definido o buscado. Es una verdadera invitación a buscar la humildad dentro de nosotros mismos.

La sexualidad sagrada se dirige a aquellos que desean realmente un cambio en su intimidad, y que están listos para dejar a un lado sus creencias y convicciones.

El "no hacer" y el interior femenino son las claves de esta tarea, que pasa de un simple aprendizaje de un masaje (técnicas para tocar, muy simples, accesibles a todos y a todas), a lo que se convertirá naturalmente en un acercamiento espiritual a la sensualidad.

El marco debe ser cuidadoso y seguro para permitir que el cuerpo se deje llevar con confianza. Coline es muy cuidadosa con este marco, pues cuando el deseo y la energía sexual se despiertan, se hace la invitación a canalizar ese "fuego sagrado" para llevarlo hacia la sutilidad taoísta de ese masaje, concentrándose en el respeto por cada uno.

Su trabajo abre otras percepciones, lleva al hombre y a la mujer a recibir sus interioridades femeninas para amarse de manera diferente, más intensamente. El masaje sirve, entonces como una herramienta de la pareja para amarse mejor, de manera más completa, conectada a la dimensión de lo sagrado.

Hemos destacado a lo largo de nuestras terapias de qué manera el sentido de lo sagrado en la intimidad cambia la mirada y la relación hombres/mujeres. Constatamos que ese cambio se establece en la vida cotidiana y se expande a todas las relaciones (de amistad, profesionales, etc.). Una mejor comunicación y comprensión de las diferencias comportamentales y sexuales entre los hombres y las mujeres eleva la conciencia y se extiende a todos los campos de la vida de los practicantes.

Cuando el cuerpo y el corazón se abren en sensualidad, nace entre la pareja la percepción de estar unidos a lo universal, a la humanidad.

Este libro, para nosotros, es un testimonio de esta posibilidad.

Les deseamos una buena lectura y que esta despierte en ustedes el deseo de conocer y de practicar este masaje.

Marisa Ortolan y Jacques Lucas

*Dedico este libro a los hombres
y a las mujeres que desean
encontrar su ser esencial,
a través del cuerpo y de su
sensualidad.*

Preámbulo

Carta de una mujer a todas las mujeres del futuro, a propósito de la sexualidad

Sé cuánto, pequeña o niña grande, tú, mujer en crecimiento, necesitas ser bien amada por lo que eres en el fondo de ti misma, por tu profundidad y sensibilidad, por tu bella inteligencia, por tu curiosidad, por tus sueños.

Entonces, si quieres crear tu vida con el fin de ser feliz, primero debes serlo por ti misma, viviendo tus sueños y comprendiendo que la belleza no debe "ensuciarse".

Hablo de suciedad, pues las prohibiciones de mi generación, antes de la revolución sexual de 1968, debían utilizar escondites para descubrir la vida, ¡pero a qué precio!

Wilhelm Reich describe muy bien este fenómeno del no reconocimiento de la sexualidad del niño-adolescente en la sociedad. Como lo cita en el capítulo X de *La revolución sexual*, la sociedad ahoga cualquier viso de cambio. Hace tres preguntas, a propósito de la juventud:

¿Qué exigencias formula la sociedad autoritaria respecto al adolescente, y cuáles son sus razones?

¿Cuál es la verdadera fisionomía de la vida sexual del adolescente entre los 14 y los 18 años de edad?

¿Qué sabemos con seguridad respecto a las consecuencias de la masturbación, de la continencia, de las relaciones sexuales adolescentes?

En 1923, Reich propuso una ética de la vida sexual desde la más temprana edad, como lo hizo también Freud en la década de los años 1880.

Constato, por mi práctica profesional como terapeuta, la falta de conciencia de la sexualidad de los jóvenes.

¡Cuántos de mis amigos hicieron el amor por primera vez en lugares infames, cuando les coqueteaban mientras sacaban la basura, en las escaleras sucias, en medio del terror de ser pillados en delito flagrante por un adulto! ¡TODO ESTABA PROHIBIDO! Era imposible conocerse, descubrir su cuerpo, ejercer el crecimiento con la conciencia de su cuerpo, para convertirse en adulto responsable.

De mi parte, creo que grité internamente "¡sálvese quien pueda!". En la adolescencia, mi familia me humillaba por mi físico, por mis grandes brazos y piernas, por mi nariz que crecía sin parar. Los padres no se preocupaban en esa época si destruían al niño verbal o físicamente…

Entonces, ¡creo que hice mucho para ser aceptada con una mirada, con una sonrisa, con un gesto amable, con una caricia! Quería convertirme en mujer sintiendo mi cuerpo, sensaciones, un poco de gozo en mi corazón y en los ojos, sentirme viva. Pero tenía en el fondo de mí misma un sentimiento de culpabilidad, una sensación de algo feo y peligroso.

Si quería hacerme reconocer, dependía de mí utilizar mi encanto y mi amabilidad. De esa forma, el disfrute de la sensualidad estaba logrado.

Lo que ahora llamo mi resiliencia, mi deseo de vivir, mi energía solar, mi lado burbujeante fue una supervivencia.

¡Oh!, ahora te puedo decir, mujer, que eres poderosa y que con frecuencia eres tú quien hace crecer al hombre, quien le ayuda a revelarse. ¿Pensabas que era al contrario? No, esa es la antigua creencia del príncipe azul según el inconsciente colectivo, que se nos impregnó en la piel y en el alma. Créeme, eso no funcionó ni funcionará jamás. Ni el Zorro ni Supermán existen, e incluso ellos tienen sus dificultades y, si fuera el caso, no podrían estar ahí para ayudarte a descubrirte y a sentirte plena.

Entonces, ¿por qué amar tanto a ese hombre? Porque entre ustedes dos van a hacer crecer su humanidad, acercar el cielo a la tierra para sus cuerpos, para tu sexo, para sus sexos, y creo que es una de las mejores formas de sentirse vivo y divino, de conquistar el grial. ¡Te lo explicaré!

Primero, el mecanismo del placer… es la química, las hormonas y eso funciona para hacer bebés. Puedes estar segura. En ese nivel, somos creados igual que los animales. La atracción hacia el otro por medio de las feromonas, los olores diferentes del uno y del otro que logran el acoplamiento y la procreación son potenciadas y producen una bella descendencia… ¿Poco novelesco? ¡Pero es bueno y funciona! Hacer el amor y tener hijos está inscrito en la historia de la humanidad desde hace milenios.

¿Y si hacer el amor transportara también a la pareja hacia una elevación del Ser?

Mi experiencia personal y profesional me ha llevado a desarrollar, por medio de la superación de las prohibiciones de una educación mojigata, una técnica y un aprendizaje por la vía del tao, gracias al masaje sensual.

El masaje sensual permite conectar lo que pasa en ti cuando haces el amor sin mucha excitación con tu pareja. Simplemente al "unirse", polo masculino, polo femenino, sin moverse, justo acoplándose por medio de la mirada, la respiración y los órganos genitales. Contactarán algo más grande que ustedes, que los superará y que llevará al gozo al cuerpo en su integridad. Es lo que llamo unir el cielo y la tierra. Gracias a sus dos cuerpos unidos en la presencia de sí mismo, del otro, en el respeto y la escucha, se transmitirán mutuamente un fuego sagrado, atómico… ¡Y quizá seas tú, mujer diosa, quien iniciará todo!

El acto sexual aprendido de esta forma no será solamente un orgasmo físico, sino antes que todo: ¡un éxtasis!

Este libro no tiene otra meta, a través de la conceptualización de mi aprendizaje práctico, que acercar a la luz una relación de amor, sagrado, entre dos personas que se respetan.

No es un elogio ciego a la mujer, sino una reconciliación.

Especialmente no es un reproche al hombre, al contrario, es una invitación.

Introducción

Debido a que fui iniciada en el acto sexual de una manera totalmente normal y clásicamente por el hombre, mi sexualidad estuvo permeada desde el comienzo por unas tácticas y técnicas muy masculinas. Por otro lado, la sexualidad era totalmente tabú para los padres, a los cuales debía engañar para descubrir la intimidad.

Después de un matrimonio y de un hijo de veinte años, algunos años más tarde sentía que estaba de nuevo infantilizada, en una posición inferior por el hombre/esposo/padre; infantilizada en la no autonomía y la obstrucción de la libertad. Mi relación con el hombre, la vida y conmigo misma, tanto física, material y psíquica, estaba por construir y mi sexualidad propia y edificante por descubrir.

Yo había comprendido el deseo masculino y su placer orgásmico, y calcaba mi sexualidad sobre este, sin inventar el mío. Más bien, yo copiaba el deseo del hombre. Luego, me convertí en una seductora, en la comodidad… con su sexo.

Un poco desmotivada por esos intercambios físicos, aspiraba hacer el amor de una manera más rica, tener encuentros llenos de amor, de complicidad y ante todo con intimidad, es decir, una verdadera complicidad para expresar las sensaciones.

Pero frente a la pobreza de esos intercambios, tomé el partido de conquistar y hacer el amor al estilo del hombre. Primero, fue muy divertido, pues desarrollé una seducción desbordada y viví una sexualidad múltiple. Cierto, no me aburría y llevaba mis estados de excitación hasta el agotamiento.

A pesar de sentirme satisfecha, sentía que me agotaba poco a poco como una pila eléctrica y no descubría en absoluto una plenitud sexual; aún me quejaba de no tener un orgasmo más rápidamente, más eficaz según las necesidades del otro. Sentí mucho placer, y pedía más. Estaba cansada, pero era insaciable...

Me gustaba mucho el deseo masculino y su forma de placer, pero encontraba nula la relación.

Intuitivamente, me hubiera gustado mantener al hombre y a su sexo adentro de mí, y quizá alimentarlo de algo que pudiera darle. Incluso soñé alguna vez con atrapar el cuerpo del hombre e inmovilizarlo dentro de mí el mayor tiempo posible... pero ese "no hacer nada", calmado, no era realmente de mi gusto.

Mis relaciones esporádicas, concentradas primero en la efervescencia, la diversión y la ligereza en vez de un gozo, fueron poco enriquecedoras y no me llenaban afectivamente ni en profundidad íntima. No pude hacer más elogios de ninguna de mis relaciones hasta que tomé conciencia de qué es un orgasmo oceánico y su dimensión, una verdadera revelación.

Por medio del tantra exploré este arte refinado de la sexualidad que me permitió ir más rápido hacia el éxtasis. El arte del tantra, ciencia del éxtasis, una filosofía de India cuyo dios es Shiva, tiene dos polos: uno femenino y uno masculino. Esta práctica canaliza la energía sexual y conduce a una conciencia superior. Se necesitan todos los sentidos al unir el cuerpo y el sexo, la mente y el corazón.

El primer paso tántrico, primera "ola" de mi vida, comprende el *yab yum*: una posición donde la mujer está sentada sobre los muslos del hombre, sentado en posición de loto, entrelazando con las piernas la cintura de su compañero. Ambos debemos untar aceite por nuestros cuerpos, permanecer abrazados manteniendo contacto visual, y debemos separarnos después de veinte minutos... Luego de unos primeros instantes de control y de esfuerzo para respirar según la consigna indicada, mis músculos de los brazos y de las piernas agotadas se paralizan y se relajan. Me dejo llevar, literalmente sostenida por el movimiento de la ola...

La energía del perineo, la parte baja del cuerpo, de mi sexo, sube hasta mi vientre, mi corazón, mi cabeza y siento que ya no soy yo, no quiero nada más, ya no controlo nada…

Es cierto que sentía total confianza durante esta primera sesión de tantra en mi vida, la cual realicé con Marisa Ortolan y Jacques Lucas, quienes dirigían la sesión.

Marisa me confirmó haber visto el momento donde, durante esta ola, me dejé llevar y mi rostro distendido se pareció al de un ángel… Esta experiencia me hizo tomar conciencia sobre el querer pertenecer de una manera más profunda a algo más grande que nosotros, estar unidos, e incluso sentirnos amados. Intuitivamente, sentí que ya no estaba aislada, o era insignificante, sino al contrario: formaba parte de un gran todo. ¡El éxtasis duró tres semanas!

Reiteré este orgasmo gigante energético muchos meses después, al hacer el amor. Es el objeto de este libro donde abro mi intimidad a todos aquellos que desean extender su sexualidad y su compromiso energético y espiritual, basados en que es nuestra energía de vida. Regresaré a esto en profundidad y lo desarrollaré en esta obra.

Desde luego, no me quedé solo allí –partiendo de la "sincronía"– alejándome de Carl Gustav Jung, quien pensaba que el inconsciente colectivo unía las cosas tanto animadas como inanimadas, relación entre el individuo y la totalidad; pude unir Occidente y Oriente y construir un puente de manera mágica entre la filosofía y la psicología, entre nuestros dos cerebros: el hemisferio derecho y el izquierdo.

Desde luego, profundicé en el tao energético y sexual. "Cuando el estudiante está listo, el maestro llega", nos dice un viejo proverbio chino que refleja los fundamentos del pensamiento oriental.

En efecto, Wilhelm Reich ya había saciado mi curiosidad y mis aspiraciones al pronunciarse sobre nuestra libido, que es nuestra energía vital. Pero no por azar llegué a esa magnífica obra titulada *L'Art taoïste du massage sensuel* de Stephen Russel y Jürgen Kolb. Elaboré rápidamente las fichas, con el fin de facilitar el aprendizaje de la técnica de este masaje completo e integrarlo materialmente, y me propuse hacerle una sesión a un amigo masajista. Esto se convirtió en unas fichas técnicas minuciosamente trabajadas, completadas con pictogramas, las cuales serán el objeto de la segunda parte de esta obra.

No sé si por el hecho de estar instalados sobre una roca bajo el sol, frente al mar, ¡pero mi amigo literalmente se relaja y tiembla de emoción durante el masaje que le hago con mis dedos! Parece sentir un éxtasis sexual en todo su cuerpo mientras que yo solo toco ínfima y delicadamente la falange de su dedo meñique.

Desde esta experiencia, han pasado quince años, durante los cuales desarrollé una síntesis de este trabajo energético, y la puse en práctica. Teoricé la mente y la técnica. Desarrollé el método, hice afiches con los pictogramas y me dediqué a comentarlos con precisión. De esta forma, elaboré un control operacional detallado.

Luego, comencé a contactar a mis amigos masajistas y a mis amigos más próximos, y compartí esta experiencia con ellos.

Claramente, el aprendizaje y la enseñanza de este masaje íntimo no se lograron solos. Un protocolo de trabajo nació y nada podía dejarse a un lado; las emociones personales de cada uno fueron recogidas y vividas libremente. Mi formación como terapeuta psicocorporal lo permitió (Escuela de Psicología Biodinámica Evolutiva, EPBE, de Montpellier). El marco en el cual cada uno se rodeó fue respetado. Ningún desborde ni gesto de gratificación sexual personal fue tolerado. Solamente en este espacio de confianza total la persona masajeada puede liberar sus tensiones, su control, y liberar las vías energéticas vitales de su cuerpo. Este masaje, tal como se practica, es una sanación y una verdadero orgasmo terapéutico. Esto lo explicaré más adelante.

Entonces, es delicioso, no hay nada qué dar ni tomar… solo estar realmente sumergido en la práctica, en los meridianos del *yin* y en los del *yang*: "Un verdadero director de orquesta".

Agrego que este ajusta bajo sus dedos el instrumento musical, que no es otra cosa que el cuerpo de la persona, con el fin de que vibre ante el "sonido" propio…

Desde luego, de estas sincronías y de estas experiencias vividas, encontré mi camino:

"La vida del tao por medio del masaje sensual".

Creé una página web y se propusieron talleres. Las mujeres se inician en la escucha y en el gozo de su cuerpo, ríen y lloran; los hombres son llevados a otra dimensión y se maravillan por lo que sienten en este nuevo estado, o se defienden, se resisten un poco... en la emoción, cambian de tono, piden más y comparten lo vivido durante la retroalimentación generosa de sus revelaciones y testimonios.

Los talleristas vienen solos o en pareja, y algunas parejas después de veinte años de vida en común regresan a sus costumbres y comparten otra sexualidad, un nuevo comienzo en su vida de pareja. Se abre entonces un campo de confianza y de intimidad que elimina el control y el ego.

No hay ningún dogma, ninguna noción del mal ni del bien, solamente percibir la dulzura y la lentitud que el tacto provee a nuestras pequeñas células. Estas, al sentir el gozo, escuchan un nuevo mensaje: el reconocimiento de ser lo que ellas son, de sentirse vivas y de gozar de estar vivas.

PRIMERA PARTE

Génesis de mi historia

Una revelación sexual energética

Me autorizo a revelarles los fundamentos de mi experiencia personal. Este evento fue el punto de anclaje de mi reflexión sobre la transmisión del masaje tao. Como el buen vino, como un buen plato, hablar de sexo también es sabroso y delicado.

Voy a contarles mi propia historia, en la que la dimensión del sexo, por su energía luminosa, tomó una dimensión sagrada.

Un día, en que justamente no deseo nada, hago el amor por primera vez con Jules, así lo llamaré. Este bello hombre muy viril, bien hecho, tiene una limitación enorme: la precocidad de su eyaculación. Ya me lo había confesado, avergonzado.

Somos amigos y vamos juntos a un taller de tantra, donde tenemos la posibilidad de dormir juntos.

Deseamos acercarnos el uno al otro, primero sobre la colchoneta. Le doy la espalda y él me toma tranquilamente entre sus brazos.

Suavemente, con naturalidad, en esta intimidad nuestros cuerpos se unen. Me propone que no me mueva, y muy, muy lentamente introduce la punta de su sexo en mi vulva. En esta posición, conocida como "cucharita", su muy insistente y cuidadosa lentitud me emociona, es sencilla y tranquila. Justo después, me pide de manera especial que no me mueva, que prácticamente no respire. Primero, porque estoy invadida por ese buen sexo de hombre, y que él toma de manera impresionantemente suave y amplia su lugar. Retengo todo gemido, cualquier respiración acelerada que invitaría mi cuerpo a moverse, incluso al mínimo. Insiste: "No te muevas, no te muevas", murmura… Siento su respiración tan dulce en mi cuello. Él mismo tiene una calma contagiosa: "No te muevas para nada", repite. Mi sexo se sobresalta ligeramente como de costumbre, siento esas contracciones íntimas que sé propagar con el fin de alentar a mi pareja. "Detente", clama él.

La orden es perentoria y tengo el aliento cortado. Nada se mueve, solo la sensación cálida y profunda de ese sexo que me habita suntuosamente. No hay fantasías ni declaraciones de amor, ni pequeñas palabras afectuosas, solo una bella ternura en ese encuentro.

Solo una fuerte presencia de cuerpos y de sexos. Me suelto, no siento mis pies, no deseo NADA. Y mientras mis caderas y mi pubis se abren, siento y escucho, incluso, su estructura ósea y de los ligamentos dilatarse, y soy invadida desde la cabeza hasta los pies por un orgasmo gigante. No solamente mi vagina se contrae, sino más allá, y la ondulación se propaga a todo el cuerpo. Soy sacudida violentamente de la cabeza a los pies por el choque del cataclismo que me sobrepasa, y río y lloro de sorpresa y de alegría. Jules no controló nada más, pero aún no se ha movido y debo explicarle que yo no tuve ninguna responsabilidad en lo que acababa de pasar, fue algo que sucedió a través de mí…

Esta experiencia fue una revelación sexual y una prueba feliz para mí, con una enorme toma de conciencia de esta energía que puede superarnos y transformarnos.

En efecto, tomé conciencia, a pesar de esta relación orgásmica excepcional, de que nunca fui adicta al amor ni a una persona… ¡Y el éxtasis duró tres semanas! Este éxtasis formaba parte de mí, fui alimentada para amar la totalidad del universo, al otro, a mí sin ninguna dependencia… ¡La felicidad en estado puro!

La revelación sexual

Durante el siglo XXI, ¿cómo cuestionar nuestra sexualidad?

El lugar de lo virtual, de la pornografía, está omnipresente. Entonces, ¿cómo hacer el amor?

Faire l'amour de manière divine, de Barry Long, me dio la clave.

"La infelicidad fundamental de la mujer, su descontento perpetuo, viene de aquello que el hombre no puede alcanzar más físicamente… Sus excesos emocionales, sus accesos de depresión, sus frustraciones… se deben a la incapacidad del hombre, al hacer el amor, de reunir o de liberar las energías femeninas fundamentales más finas. Estas energías divinas, de una belleza extraordinaria, son intensas y refinadas. Cuando estas se dejan sin explotar en la mujer, degeneran en perturbaciones físicas o emocionales…".

"La infelicidad fundamental del hombre, su perpetua agitación, se debe al hecho de que al olvidar cómo hacer el amor, abandonó su autoridad divina natural y perdió el control sexual de sí mismo. Su degeneración emocional o psíquica se manifiesta en la obsesión sexual: fantasías sexuales compulsivas, un afán por la riqueza y por el hecho de perderse en el trabajo".

El principio que retuve y que experimenté fue captar las energías sexuales con los sexos que se conectan como un tomacorriente, y el condensador eran nuestras columnas vertebrales, revestidas de lo humano, entre el cielo y la tierra. No hay excitación ni preliminares. Solo devolverles la vida a los sexos: ¡ellos saben hacerlo todo! Inédito, inimaginable, que el hombre no tiene que perder su energía al masturbarse dentro del cuerpo de la mujer.

Deduje que la mujer no tenía que cerrar sus músculos ni manipular su clítoris ni retorcerse, al contrario: permitir fundirse para llegar a ese tipo de orgasmo que califiqué como oceánico. Sus órganos genitales externos e internos están irrigados cálidamente por su sangre vibrante, y la energía pulsa a través de ellos, e inevitablemente a través de su cuerpo entero.

En la recepción de la mujer y de su sexo, ¡todo está allí! Ser amante, sin nada qué probar, sin tener que gesticular ni mostrar su capacidad de excitar al otro. Mientras la mujer no esté íntimamente convencida de ello, le agregará sus posiciones, embistes, y todo el *Kamasutra* podrá desfilar, sin ningún beneficio energético.

Simplemente estar ahí, profundamente receptiva, pero totalmente ahí… Tan ahí que todo será una meditación. El uno y el otro están en su presencia y se acompañarán en la unidad de sus cuerpos, de su respiración y de su mente.

La energía así anclada entre el cielo y la tierra, captada por los dos polos, el chacra raiz y el chacra corona, se materializa a lo largo de la columna vertebral, por medio de la energía de los fluidos, llamada *kundalini*.

La kundalini es la energía del fuego contenida en la base de la columna vertebral. Además, este elemento fuego es la energía que mantiene a nuestro cuerpo con vida. En otros términos, es la energía de la vida condensada dentro de nosotros.

Está albergada allí abajo, en el hueso sacro de la base de la columna vertebral. Por ello se ve como una serpiente que duerme la mayor parte del tiempo, y al otro lado de la columna está el cerebro reptil. Esta energía poderosa nos dará todo nuestro poder al expandirse como creadora de vida. En este caso, encontramos una gran similitud con nuestra chispa divina, que duerme unos pisos más abajo.

Sin el despertar de esta naturaleza, que es la nuestra verdadera, estamos clavados lamentablemente a la tierra; para ser claros, la vía superior del contacto con nuestra divinidad comienza entonces al poner en marcha la energía kundalini, vía superior hacia la iluminación y la satisfacción.

En otras palabras, descubriremos que la luz de la vida depende de este interruptor; y en pareja, cuando se ama a alguien realmente desde el fondo del corazón y se respetan los ritmos lentos, al soltarse de toda tensión, los cuerpos unidos conectan ese fuego sagrado que ilumina los chacras uno detrás de otro; salen los fuegos artificiales del timo, el cual regenera y aclara, e ilumina el chacra del corazón.

En estos momentos, comprendemos mejor lo que motiva el sentimiento de culpa exaltado por las religiones, las cuales han querido opacar este campo y se encargaron de prohibir jugar con el fuego del sexo.

Sabiendo muy bien que es como la dinamita, comprendemos también por qué la creencia de que es necesario olvidar toda relación sexual para alcanzar lo divino se ha vuelto una pesadilla, en especial para los hombres y mujeres religiosos. Esta vía de regreso al conocimiento exige no tomarlo a la ligera, en especial si se intenta quemar las etapas utilizando técnicas sofisticadas, arraigadas en el pequeño ego, cargadas con los 220 V y conectadas a una línea de alta tensión.

Las conexiones eléctricas y magnéticas de esta energía se logran por medio de los sexos del hombre y de la mujer. En este nivel es primordial conservar el contacto estrecho entre los sexos, sin pequeños golpes ni frotamientos internos. Es decir, sin el movimiento de "ir y venir".

Entonces, el glande del pene del hombre condensa toda la energía de su eje corporal, desde la cabeza hasta los pies, y la mujer capta esta energía atómica y personal en el fondo de su *yoni* (sexo femenino) presionando el cuello uterino. Una vez en contacto, los dos seres conectados de esta forma poderosa reúnen el cielo y la tierra, y el modo ondulatorio de la energía se pone en marcha.

Les aconsejo de manera especial vivir esta experiencia.

En este nivel, esta energía sexual –o libido de la vida– podrá irradiar todo el cuerpo y alimentar los órganos internos.

En la medicina china, el "vacío de los riñones" (falta de energía en este órgano) se analiza como un fenómeno que vuelve a la persona vulnerable, temerosa, insegura y agotada, mientras que el "vacío del pulmón" la deja triste y deprimida.

Pero esta magnífica energía, a la mano de cada uno, va a alimentar el riñón aportándole la fuerza y el valor, mientras que el pulmón será irrigado de entusiasmo y alegría.

En el cerebro, esta energía cósmica y espiritual aporta y facilita las respuestas a nuestras preguntas, al desarrollar la intuición. En esta manifestación del amor del hombre por la mujer, la energía equilibra las polaridades masculina/femenina. Nadie busca su propia gratificación sexual. En ningún caso el uno posee al otro, se unen y se funden acumulando sus corrientes energéticas. Este torbellino los reúne y los sobrepasa.

El hombre sexual, si su comportamiento es únicamente egoísta, utiliza el acto de amor para eyacular, para liberar su agresividad psíquica desbordada o su cansancio. Se sirve mecánicamente del sexo femenino para masturbarse, pero la violencia del acto, que ha integrado a la mujer con frecuencia desde sus primeros encuentros sexuales, va a ampararse y a destruir la fineza de sus sensaciones, la cremosidad de las mucosas acuosas vaginales van a distender y a endurecer esta cueva receptiva, y, finalmente, vuelve el sexo femenino a medida del sexo masculino hiperexcitado.

Al comienzo, esta suavidad voluptuosa de la intimidad femenina va a desposar el miembro masculino. Hasta ahí, todo está bien. Pero los frotamientos intempestivos van a quitarle sensibilidad poco a poco al órgano interno y lo endurecerán.

Este va a transformarse energéticamente y entonces, vibratoriamente, se volverá un estuche con forma de pene, como si fuera de cuero. Únicamente la fuerza y la violencia podrán llevar a la mujer a un estado de excitación, hasta recibir los golpes de la punta del pene en el útero. Allí, la energía se repliega sobre ella, los órganos genitales se endurecen y no sienten más gozo, a menos que sea a través de las fantasías y del erotismo brutal.

El hombre, por el control de su miembro rígido y duro, puede tomar el poder sobre la mujer, y hacer del placer una herramienta de manipulación; el cuerpo femenino será un objeto a su gusto. Los órganos genitales femeninos van así a vivir un estado de excitación crónico, en perfecto alineamiento con la sexualidad masculina.

Sin querer juzgar ni mortificar o culpar, quizá todos hemos experimentado estos comportamientos. Pero al tomar conciencia de ello, es importante no juzgarse, y poner más atención al acto sexual para que se vuelva sagrado. Esta práctica permite ver la parte divina que está dentro de nosotros. Se vuelve entonces natural, y es posible sentirse completo por esta vía.

Podemos interrogarnos: si somos mamíferos, y nos alejamos de los otros animales, ¿nuestra sexualidad también está gobernada por las hormonas y el emparejamiento podría también tener un aspecto animal?

Pero cuando el ciervo monta a la cierva, también lo hace con un sentido de protección y de supervivencia de su especie. Primero, como jefe de la manada deberá expandir una y varias veces su material genético al mayor número de ciervas, y a raíz del corto periodo ovulatorio de las hembras, debe hacerlo rápido.

De igual manera, está el hecho de la competencia de los demás machos. Necesita conservar su estatus dominante. Por otro lado, durante el coito, quizá se distraiga de su vigilancia, y su instinto le dicta un control de seguridad respecto a un depredador que pudiese llegar por la espalda. Deberá, entonces, invertir el máximo de energía y de vivacidad al cumplimiento de su tarea. En efecto, para él, no hay que dudar y comprendemos que la monta tenga un estilo rápido y eficaz.

En este instante, el comportamiento salvaje del hombre es muy cercano al del animal.

Pero vean también que el ser humano levantó sus patas delanteras de la tierra hacia el cielo, hacia las estrellas… y entonces, probablemente haya una relación diferente con el universo y sus misteriosas fuerzas.

El ser humano sería el único mamífero que se levantó para caminar constantemente sobre sus dos patas traseras.

La morfología del humano, por su verticalidad, le permite conectarse con el universo por encima de su chacra corona y vivir y crear en conciencia esta relación, "conexión", entre el cielo y la tierra.

Chacra, derivado del sánscrito, significa "rueda" o "disco". Estos caminos de energía designan los centros espirituales del cuerpo humano.

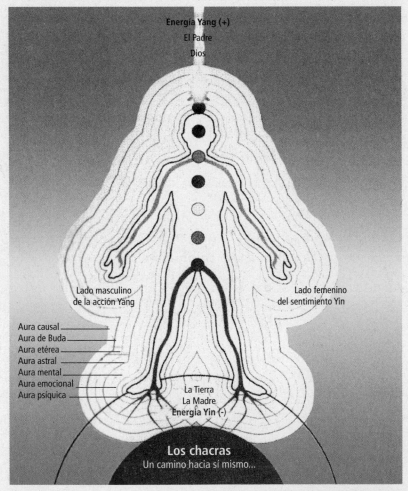

© Hélioqos formations / Patrice Morchain

La orgasmia terapéutica de Wilhelm Reich (1897-1957)[1]

Hasta el final del siglo XIX, relacionábamos la sexualidad con la procreación; Freud las distinguió por medio de un examen clínico, y de esta forma, la sexualidad se convirtió en la libido y no podía reducirse a lo mero genital.

W. Reich, en su comunicación sobre los conceptos de la pulsión y de la libido, lo confirma en esta frase capital, la cual le valió ser elegido jefe del seminario de sexología en 1919, con apenas veintidós años: ***"La energía sexual trabaja en todo el cuerpo y no solamente en los tejidos intersticiales de las gónadas"*** *(La fonction de l'orgasme –L'Arche).*

Igualmente, leemos: *"Al examinar el poder del orgasmo, percibimos que no es un sinónimo del poder de la erección ni del poder de la eyaculación. **Es la capacidad de abandonarse a los flujos de la energía biológica sin ninguna inhibición.***

*"Al término de su descripción, Reich precisa que *"las contracciones involuntarias del organismo y la completa descarga de la excitación son los criterios más importantes del poder del orgasmo.*

"Se trata de un abandono involuntario vegetativo, pues el poder del orgasmo es la función biológica primaria y fundamental que el hombre tiene en común con todos los organismos vivientes. Todos los sentimientos sobre la naturaleza llevan a esta función o al deseo ardiente de encontrarla. Es normal que la pareja, si está libre de cualquier inhibición, y si conjugan la ternura y la sensualidad, lo logre simultáneamente: la

---

1. Basado en su escrito *Revolución sexual*

facilidad de concentrarse con su entera personalidad en las vivencias del orgasmo, a pesar de los posibles conflictos, es otro criterio del poder del orgasmo. Y si la pareja no es amada, al menos se necesita que haya la transferencia del objeto de amor original dentro de ella, a pesar de que aparecen las "fantasías conscientes" que reclaman una gran actividad de la imaginación, en detrimento de la economía sexual.

La descripción del orgasmo envuelve entonces un aspecto cuantitativo (descarga de la excitación sexual) y un aspecto cualitativo ligado a la pareja y expresada por un halo de ternura".

Lo genital y la sexualidad genital son para Reich una relación de intercambio entre el ego y el alter ego y no una relación de la fuerza, que supera el aspecto nervioso. Es un intercambio de plenitud dentro del respeto al otro. Y si el pene es el lugar central de la sexualidad, un fetiche o un objeto narcisista, y por tanto un rival respecto al sexo femenino, desde luego será imposible alcanzar la plenitud, plenitud que es sanadora y reparadora.

Los hombres tienen problemas al diferenciar orgasmo y gozo, debido a la posición central de su pene y de su no abandono.

De allí la importancia del abandono total de sí, a propósito del orgasmo. Pero con la condición expresa de que, a lo largo del coito, se ponga en marcha un flujo de excitación de los órganos genitales hacia la totalidad del cuerpo y de la psique, con el fin de que este conjunto pueda descargar todas sus tensiones: ese es el poder del orgasmo del cual nos habla Reich.

Vemos de esta manera que el orgasmo somático logrado no se reduce a una sola zona erógena, sino a todo el ser gracias, especialmente, a la disolución de la conciencia, única condición de la descarga completa de las tensiones.

De hecho, para Reich, la satisfacción orgásmica evita el nerviosismo, el cual sería un problema para la genitalidad"[2].

---

2. Joël Bernat, "La fonction de l'orgasme selon Wilhelm Reich (1897-1957)". Texto de una conferencia, revisada y argumentada, publicada en la revista *Corps, Les Corps de la contagion*, éditions Dilecta-CNRS, No.5, octubre 2008.

La vía del tao para el masaje sensual
Para regresar a nuestra energía orgásmica original

La sinergia de varios encuentros de las corrientes de la expansión de la energía del ser me permitirán establecer los fundamentos de una técnica fina y sutil, pero concreta y simple. Hacer circular bajo los dedos, por medio del masaje, nuestra energía de vida con el fin de que abra y alimente los centros y circuitos energéticos para nuestra salud, nuestra vida, pero también para el placer orgásmico.

Según mi opinión, desde el comienzo, esta fue la base de la teoría de Wilhelm Reich, quien considera la energía sexual como una energía de vida. La sexualidad bien comprendida enriquece lo humano respecto a la apertura hacia sí mismo y hacia el otro, le confiere la responsabilidad de sus actos y una comprensión inteligente de la naturaleza y del mundo que lo rodea.

Por tanto, la particularidad de la psicología biodinámica, mi formación de base como psicoterapeuta, debe construir el puente entre la psique y el soma, y el medio para acceder a estos. Por medio del masaje, se contacta lo inconsciente y la psique inscritos en el cuerpo, apoyo de nuestra conciencia de vida. Es una vía para el desarrollo y el redescubrimiento de la conciencia sensible y creadora que existe en todo ser humano.

Estas energías magníficas, la sexualidad y la espiritualidad, son vías de acceso privilegiadas y maravillosas. Esas energías pueden llenar la vida de un gozo profundo, así como volverse unas prisiones terribles. Más allá de la espiritualidad sin cuerpo y de la sexualidad sin alma, dos locuras totalitarias de la personalidad desbordada, el redescubrimiento de la unidad poderosa de nuestro ser reconcilia la belleza universal de la vida y el gozo del amor.

En la biodinámica, así como en el masaje sensual, he podido comprender hasta qué punto cada célula del cuerpo es una entidad viva. A través de su membrana, la célula necesita reconocerse y contactarse para abrirse, tomar su poder y gozar conscientemente de la energía de vida.

Y, finalmente, el encuentro con el tao por intermedio de esta guía que describe paso a paso el antiguo sistema taoísta del masaje sensual, al liberar toda la energía sexual, le da paso a nuestra energía creadora. Estos secretos de los adeptos, compartidos al fin a todo el mundo, permiten dar un gran paso, una revelación de que es nuestra energía vital.

El masaje sensual taoísta, con esta cualidad de la existencia, de lo sentido, nos permite entrar en contacto con las vivencias en los diferentes niveles de nuestra libido de vida, o energía sexual.

Pero ¿de qué forma? Por la cualidad de la presencia y del gesto de la persona: lentitud y dulzura, las cuales permitirán a quien recibe el masaje sentir y fundirse en una sexualidad extremadamente lenta y suave.

Esta energía captada y transmitida en todo el cuerpo se aprovechará también para la regeneración de los órganos, en el cerebro para su iluminación, en el corazón para la pasión. El cuerpo entero se vuelve orgásmico, la eyaculación ya no será una meta, pues el gozo inunda el cuerpo y el placer se vuelve infinito… para los dos amantes.

El masaje sensual permite también retomar contacto con el núcleo sano de la persona, esa energía de vida pura y sagrada que todos tenemos al nacer. Este núcleo reconoce nuestra libido de vida que vuelve al cuerpo orgásmico, de la cabeza a los pies, antes de que se formen las corazas en nuestro ser.

Por medio del masaje taoísta, al darlo y al recibirlo, tenemos la capacidad de entrar en contacto con nosotros mismos, con nuestro "yo" verdadero.

Al nacer, el bebé goza por medio de todo su cuerpo, pues su energía gira en espiral desde la cabeza hasta los pies. Cuando sus necesidades están satisfechas, nada altera su circulación energética. Goza con todo su ser, que pulsa y palpita. Toda esta energía está constituida por su libido de vida, de lo contrario estaría inerte sobre su cama, sin deseos y apagado.

A pesar de los cuidados y de la educación, de los horarios y de la limpieza, el bebé será criado por medio de los imperativos que no son necesariamente los suyos, los cuales van a contrariar o negar sus necesidades respecto a la vibración natural de su alegría de vida.

Esta vivencia contradictoria se vuelve tan inquietante que va a separarse de sus propias sensaciones, con el fin de no vivir en medio de la frustración o de estar afectado. Y especialmente, para poder arrodillarse ante la presión externa.

Evidentemente, impregnar la psique de estas frustraciones y pruebas es inconsciente. Esos desacuerdos o sufrimientos se viven dentro del cuerpo profundamente por medio de las células, las cuales reaccionan ante todo esto.

De esta forma, el pequeño ser, para evitar la frustración, va a desarrollar una facultad con el fin de evitar el placer. Se va a acorazar, construirá un sistema de defensa para protegerse de lo que es natural a sí mismo, ¡pero que nunca ha obtenido! Y todos somos, lastimosamente, seres acorazados y solo sentimos las cosas más ínfimas de la vida.

Entonces, si hay que ser educado, volverse juicioso y estar conforme con las múltiples reglas para poder vivir en sociedad, ¡necesariamente algo tendrá que romperse! Y nuestra coraza está constituida a partir de la construcción nerviosa que está ligada a la educación, a la cultura, al espíritu maniqueo de los juicios en cuanto al bien o al mal, juicios que se oponen a la vida libre y a la creatividad del ser.

Por otro lado, W. Reich informa que el bebé al comienzo es un ser humano sano y orgásmico, que no tienen ninguna desviación natural en sus comportamientos.

En efecto, los cambios crean unos "ladrillos" nerviosos que conforman nuestra estructura; cada nerviosidad constituye un material sólido llamado "ladrillo" en psicoterapia. Esta construcción va a bloquear los sentimientos, las sensaciones y el placer, y va a engendrar los juicios sobre sí mismo, sobre los otros, y sobre el entorno. Entonces, la culpabilidad y el espíritu susceptible van a conducir a los comportamientos desviados, desnaturalizados, pues los sentimientos psíquicos y emocionales verdaderos, íntimos y profundos se evitarán a lo largo de nuestra expansión de vida obstruyendo las expresiones de gozo, de alegría y de libertad.

No es la libertad de hacer lo que se quiera, sino estar un poco más cerca de las necesidades, contactar el placer de la fuente de vida, de las sensaciones, y respirar y pensar sanamente.

También, desde la más tierna infancia, para compensar esas carencias, la seducción llega al rescate del pequeño ser con el fin de que se haga amar y obtenga respuesta de las necesidades reales, o ya travestidas por la manipulación. Lastimosamente, todos los adultos están satisfechos al ver a su descendencia tan dispuesta a copiarlo y a reproducir ese juego.

La profundidad de la mirada del recién nacido es sagrada; es un abismo, es la emoción de la autenticidad del ser, del núcleo sano de la persona, es un contacto con el universo y con lo sagrado. Esta inocencia tiene una muy corta duración.

Pero volvamos a nuestra energía sexual, pues en la pubertad la energía hormonal va a concentrarse en los órganos genitales y los vuelve pulsionales. La atracción sexual es fuerte y con frecuencia perentoria en los dos sexos.

Esta energía está en general oculta en la adolescencia, como si fuera un tema tabú, y no vuelve al muchacho orgulloso ni respetuoso de su nuevo estado de joven adulto responsable, puesto que obtiene la información, la mayoría de las veces, incluida su formación sexual, de la pornografía.

La persona y el sexo se convierten en objetos, y el ser no puede desarrollarse en el amor, la conciencia de la belleza y el respeto. La energía sexual no está identificada con la energía de vida, como siempre lo ha estado por los tabús de la educación, desde hace muchas generaciones.

La mujer está formada en la sexualidad por el hombre, quien no tiene conocimiento de la sexualidad femenina y le comunica torpemente su energía masculina, muy masturbadora, con frecuencia violenta y que puede ser vivida de forma degradante.

Muchas mujeres de hoy comienzan su sexualidad por medio de encuentros no escogidos, con un compañero más embriagado de alcohol que de amor. En esta forma de violación, por no saber decir "NO", se dejan superar por los eventos. El cuerpo memoriza la humillación, la brutalidad, y como es una vivencia tan fuerte para la psique, crea un cortocircuito de toda noción de placer.

Es un "buen plan" para tener una vida sexual desligada del placer, para finalmente volverse frígida. El consentimiento de la seducción podrá funcionar, pero el cuerpo y los órganos genitales se abstendrán de toda conciencia de placer y se aislarán de la relación. Con frecuencia, el placer será simulado.

Esta ausencia, disociación, es flagrante en las terapias que realizo y en las iniciaciones de los masajes sensuales.

Más que nunca, un máximo de atención, de dulzura y de lentitud en la verdadera presencia, ya evocadas al comienzo de este capítulo, van a reanudar la información en la memoria de la célula que le será agradable y placentera. Entonces, el contacto de la punta de los dedos sobre la piel, un contacto que no busca nada, simplemente podrá dar al comienzo un escalofrío en las piernas, las nalgas, los brazos y los dedos.

Los órganos genitales, para no ser negados sino reconocidos, también serán contactados con una infinita delicadeza y suavidad, con el fin de recibir un anclaje positivo que los valorice.

Así, cada uno podrá volver a sentir su cuerpo y su sexo valorizados.

La sensibilidad del sexo femenino es extrema, y no solamente durante la penetración.

De esta forma, al comienzo de la vida sexual, el clítoris con frecuencia es eléctrico y no soporta que lo toquen pronunciadamente. En este caso, pide ser contactado en la periferia, y no sobre los labios. La sexualidad femenina es muchísimo más amplia, y no se limita a este órgano. Sin embargo, este despierta el placer a nivel de los órganos genitales, pero la meta de la sensualidad es expandirse sobre todo el cuerpo. El orgasmo por medio del clítoris solamente equivale al orgasmo masculino… por ello el hombre se encuentra a sí mismo, y la mujer se excita para hacerle eco al deseo del hombre.

Sin embargo, la mujer no es solicitada allí, en su identidad intrínseca, plena y sensual. Incluso si sus órganos genitales están excitados, la energía que va hacia su vagina pide llegar más lejos en el útero, en el vientre, en las caderas y prolongarse hasta el hueso sacro, hasta llegar finalmente a lo largo de la columna vertebral, llenándola de energía.

Esta es la ascensión del kundalini (energía sexual de los fluidos). El pecho de la mujer llama esta energía y se abre para darle paso hasta la garganta, que con frecuencia está bloqueada. Entonces, todo el cráneo, hasta detrás de las orejas, la boca y los ojos, se inundan de luz, de sensación de energía y de gozo, de placer y de alegría.

¡Un masaje del clítoris y llegar a la meta del orgasmo local clitoridiano se asemeja en términos de energía a un estornudo! Algunas veces queda picando y pedimos más. ¡Excusen que sea poco! Si el orgasmo libera las tensiones sexuales, aún está lejos de ese fuego artificial gigante, energético de todo el cuerpo.

Es importante constatar que el orgasmo clitoridiano puede agotar, así como la eyaculación del hombre. Vacía el cuerpo de su energía, y no la construye. Es como un latigazo para el placer, el cual deja con frecuencia al cuerpo palpitando y a la mente deprimida, especialmente si se reitera varias veces, lo cual está dentro de la capacidad femenina.

En el aprendizaje práctico del masaje sensual por medio del tao, es fascinante poder ayudar a un hombre o a una mujer a ir hacia esta energía magnífica, sea por medio de una iniciación, sea durante un taller, donde cada uno aprende a darlo y a recibirlo.

Luego de estos masajes, muchos talleristas dan fe de que se sienten diferentes, como autorrevelados a sí mismos… como si

estuvieran en la pubertad original. De esta forma, se desenmasca-
ran ante su pareja, para poder tener una profunda intimidad. Los
testimonios sinceros y espontáneos que me envían luego de los
talleres son muy fuertes, y los comparto en mi página de Internet.
Muchos se conmueven por sus revelaciones.

Testimonio

Sentimientos y reflexiones luego del tao del corazón, durante la Pascua de abril de 2012

En esta sección encontrarás algunas meditaciones inspiradas en ese momento de la Pascua (en hebreo *pesah,* que significa pasaje), compartida con las personas receptivas y sensibles que estaban en la Coupe d'Or en ese momento, así como lo que yo viví y sentí:

"Me gusta tu propuesta por medio del tao, con la ayuda de una herramienta que llamas el masaje sensual (yo lo llamaría sensorial), es decir, que despierta los sentidos por medio del tacto del *yin,* ligero, una acción magnética al nivel de la piel, y una alternancia de la acción del *yang,* enérgico por un contacto más global al nivel de todo el cuerpo".

"Creo que no estamos en un taller de masaje relacional, de comodidad, de bienestar, de relajación como los que conocí, con un aprendizaje de técnicas".

"La práctica propuesta es otra. Percibo que se trata de un proceso de curación con un protocolo muy preciso por medio del tacto (es decir, en forma de masaje porque hay tacto, pero no cualquier masaje, ¡y no es cualquier tacto!), la persona receptora se activa por el sonido, la respiración, el movimiento, y esta puede guiar al masajista para recibir un tacto, fijado por el marco y el acompañamiento, completamente justo para ella, a nivel de la intensidad y de la rapidez. Por otro lado, puedo decir que es mejor no haber aprendido técnicas de masaje para sentirse rápidamente bien en este trabajo".

"Entonces se ofrece, por medio de la propuesta de tu trabajo, una sanación de las heridas del alma a través del apoyo del cuerpo, al hacer uso de la energía natural vital que obra en el placer y la vida".

"No estamos en un momento de aprendizaje de técnicas, esta es una propuesta más importante para la persona. Es algo más poderoso que un simple masaje; se trata de un tacto que permite el renacer personal gracias a la energía de vida despertada".

"Esta reparación abre un cambio, una modificación de la mirada de la mujer respecto al hombre, y del hombre respecto a la mujer, donde esta última puede reencontrar su naturaleza de iniciación".

"En su intimidad, la pareja puede instalar una nueva relación con este ritual de trabajo de evolución que la mujer y el hombre se dan a través del masaje. Juntos crean un marco, y definen de entrada tener o no una relación sexual que prolongue el encuentro del momento. Esta propuesta de definir y de decidir sus necesidades, o no, de una relación sexual va a permitirle al uno y al otro ser libres, confiados y respetuosos. Se instalan en esta energía de intercambio de corazones, de placer, de poder estar en amor en una relación sagrada. La libertad de una verbalización clara por cada uno permite esto. Al ver esta forma de compartir desde este ángulo, me doy cuenta de que es una dimensión de la relación hombre/mujer que tengo ganas de descubrir y vivir. Tengo confianza en ello".

Me parece bueno hacer un ritual de iniciación. Esto libera e instala la seguridad y obliga a cada uno a ser claro respecto a sus necesidades.

"Con esto dicho, me sentí muy bien en el marco que usted propuso. Me sentí seguro, y esto facilita mi reparación, pienso.

De hecho, lo que habla bien de su trabajo es poder expresar la fe en uno mismo:

Se trata de un proceso de sanación de las heridas del alma, por medio de un protocolo de acompañamiento por el contacto, conduciendo y despertando la energía vital a través del cuerpo.

Esto me hace mucho bien para poder escribir; mi pensamiento está claro.

Esto fue lo que sentí, lo que comprendí, y lo que traduzco en estas palabras. Me gusta escribirlas.

Espero que yo no deforme y que este esté de acuerdo con el fondo de tu pensamiento, de tu investigación, de tu trabajo y de tu obra".

Hugh

¿Esta energía se puede comunicar?

Este es un testimonio, una historia vivida, absolutamente deliciosa.

Una pareja de la Gran Bretaña, de unos cuarenta años de edad, más o menos, debería venir a un taller. La suegra cuidaría a los cuatro hijos, que no están muy grandes. Pero mala suerte: la mujer se enferma y nadie puede ocuparse de los pequeños. Con un razonamiento justo, la esposa le dice al marido: "No importa, ve, ¡de todas formas seré yo quien lo disfrutará!".

Nuestro esposo motivado llega al taller, no muy cómodo, muy intimidado, con el pelo cayéndole sobre los ojos. El taller se desarrolla bien, y percibo que él aprende y evoluciona mucho a diferentes niveles…

Entonces la anécdota comienza en la estación de trenes, a la cual lo llevo. En la plataforma, nos lanzamos alegremente hacia los brazos del otro, lo que llamo un entendimiento de fusión, es decir, no aparentamos querer contactarnos. Los cuerpos están simplemente unidos el uno contra el otro en un bello intercambio, una comunión energética; mientras nos abrazamos amistosamente apoyando nuestras mejillas. Pero estamos simultáneamente electrocutados en nuestros vientres, los cuales se ponen a saltar como si estuvieran riendo. ¡Imaginen a los budas risueños! La energía nos sacude desde la cabeza hasta los pies, y sin estar preparados para tal reacción en medio de la estación, estallamos de risa, un poco incómodos. W. Reich habla en sus escritos de la ausencia de la vergüenza cuando la energía es justa, nada qué ver con la educación castradora que juzga y bloquea todo proceso de elevación energética. Pero ya volveré a este tema.

Primera consecuencia vivida en su vida de pareja: al llegar a su casa, este bravo y bello hombre lleno de energía nueva quiere honrar a su esposa. Y allí, todo su cuerpo se mete en este famoso trance, el cual vibra de la cabeza a los pies. Su energía está libre, sin bloqueos. Igualmente, confirmo que en este caso su energía sexual se difunde por todas partes, no solamente en sus órganos genitales. Pero la señora no está preparada para todo ello. Se enoja y detiene sus avances: "¿Qué haces?", se molesta ella. Sin haber vivido las emociones y las circulaciones energéticas del masaje durante el taller, no puede comprender ni recibir el "estado" en el cual está su esposo.

En este momento constato que esta energía es más grande y profunda que los órganos sexuales. Este hombre no se siente rechazado ni herido en su ser, ni frustrado, pues bien centrado en su energía, al día siguiente sale a trabajar sin rencores ni remordimientos, ni arrepentimientos. Se siente libre y completo en su interior.

Segunda etapa en la vida profesional: su pelo bien peinado hacia atrás, por primera vez en la vida pudo saludar a sus compañeros dándoles la mano y, especialmente, mirándolos directamente a los ojos. Esta etapa demuestra su nueva energía de vida: ya no hay complejos, frustraciones. Está orgulloso y feliz de sí mismo, a pesar del recibimiento de su esposa la noche anterior. Es una reacción que puede comprenderse, ya que es alguien que no está iniciado en esta transformación.

Tercera etapa: la pareja se acuesta de nuevo y este hombre, dulce y confiado, que ama a su mujer y seguramente ahora se ama a sí mismo, pone con suavidad su mano sobre el vientre de su esposa antes de dormirse, sin buscar nada en especial. Pero con seguridad no se imaginaba que su mujer comenzaría a vibrar y a retorcerse salvajemente de la cabeza a los pies… todo su cuerpo se volvió orgásmico. ¿Quizá rieron? No lo sé. El final de la historia: lo que me ofreció este magnífico testimonio sobre su experiencia.

Otro testimonio, esta vez de Loïc:

"Al regresar del taller, le volví a hacer el masaje a la amiga que había venido conmigo. Repetí varias veces ese masaje sobre ella y parece que, por el momento, no hay diferencias notables en ella a nivel orgásmico.

Por el contrario, lo practiqué a mi esposa (quien no vino al taller) y contra todo pronóstico, cuando no había siquiera terminado, ella comenzó a sentir una especie de golpes eléctricos. De repente, me preguntó qué había hecho sobre ella, o qué le había dado de beber mientras hacía el masaje. Y desde ese día, todo se amplificó. Ella piensa que es genial. Ya es capaz de hacer un poco el masaje como yo. Solo basta que tenga un pensamiento sensual ¡y listo! Se deja llevar todo el tiempo que desee.

A lo largo del día, sin hacer nada, tiene sobresaltos energéticos. De mi parte, comencé a sentir los choques eléctricos luego de tres meses. Pero de golpe, nos sucede algo formidable. Solo basta que yo haga el masaje, así este vestida, para que comience a comunicarme lo que siente, y sentimos espasmos entre el ombligo y el corazón. No me atrevo a hablar de orgasmos por más que lo parezcan, pero luego de cinco minutos de tal tratamiento y debido al hecho de tener esos espasmos, los músculos abdominales me comienzan a doler.

Ella, quien antes era exclusivamente clitoridiana, comienza a sentir sensaciones en su vagina. Ayer, fue a hacerse desbloquear su pelvis, porque alguien se lo sugirió, pues efectivamente estaba bloqueada en esta parte del cuerpo.

Ya no logro controlarlo, ni sé cuándo se detendrá. La pregunta que me hago y que te hago, ¿qué puede pasar luego de sentir estos espasmos prolongados? ¿En lo que llamamos el orgasmo tántrico? Y si los sobresaltos aparecen durante todo el día en mi cuerpo, ¿dónde está el botón para apagarlos? Me incomoda estar hablando de otros temas y ser sorprendido por los sobresaltos".

Le respondí: "¿Cómo se detiene? ¿Por qué quieres que se detenga? Cuando es bueno, nunca será suficiente. Por el contrario, frente a las personas, el cuerpo y la energía pueden reservarse automáticamente.

Por otro lado, la vibración puede ser muy fina, vivida solamente en la conciencia.

Le informé a este tallerista que, por mi parte, nunca he necesitado pensar en cosas eróticas para que esto comience. Me sucede cuando me relajo, sea en meditación o en mi cama, totalmente tranquila…

Es cierto que al comienzo tuve dolor en los músculos del vientre y del estómago (¡es algo bueno para tener las famosas "chocolatinas"!).

En el caso de algunas personas como su amiga, masajeada en el taller, el trauma está en otro lado y no en el cuerpo, pues lo mental corta la información de lo que sucede, quizá un episodio de su vida fue insoportable, innombrable, impensable. Conscientemente o no, esto no se piensa, en los sentidos no se sienten más, ella crea un bloqueo donde las sensaciones físicas no superan la barrera de la concientización.

El trabajo en la pelvis de la mujer es formidable. Le comenté que, en mi caso, con un solo encuentro con el tao toda la energía atravesó la pelvis. La abrió de una manera impresionante; incluso fue un poco sorprendente, y reí y lloré al mismo tiempo.

Otro testimonio: en un taller vi a una muchacha que deliraba voluptuosamente sobre la mesa (parecía una película, más bien sexual), y no sintió ni memorizó absolutamente nada. ¡La información fue totalmente cortada entre el cuerpo y la cabeza! Sin embargo, algunos fueron testigos de la escena y pudieron hablarle. Ella estaba un poco perdida…

Fui testigo de una mujer que ondulaba sus caderas sensualmente y tuvo una reacción fuertemente íntima, dejando derramar su ciprina[3] sobre la mesa de masaje, y que suspiraba de estar aburrida, sin tener conciencia de su placer.

Es importante anotar que en la vida de estas mujeres, y durante estos masajes, el inconsciente encerró el sentir presente, debido a las experiencias traumáticas vividas en el pasado. Los recuerdos corporales están inscritos en el cuerpo, lo cual obligará a un verdadero trabajo terapéutico de rehabilitación.

---

3.   La ciprina es el líquido secretado en la entrada de la vagina de la mujer mientras está en un estado de excitación sexual.

In/dependencias afectiva, sensual y sexual

¿Cómo las independencias afectiva, sensual y sexual son posibles para el ser amante y amado?

El arte de la sexualidad según la vía del tao no crea dependencia física ni afectiva. Este fue mi atesorado descubrimiento, mi otra revelación. Esta fuerza orgásmica es tan energética que no nos reduce, no nos apega, sino que nos pone en una expansión infinita, nos conecta directamente con las fuerzas externas que nos sobrepasan: aquellas que solo están en el universo.

El apego y la fusión al otro, que nos constriñe, nos hace depender de su presencia, su amor, de todo lo que nos procura; no puede, en absoluto, ponerse en tela de juicio cuando estamos adentro, pues este amor parece vital tanto para el uno como para el otro, o incluso a veces más para el uno que para el otro.

¿Una pareja unida puede tener un entendimiento de otra manera?

No hay ninguna posibilidad de comprenderlo si no es mentalmente, intelectualmente, pues visceralmente él es el otro y depende de su vida y de su alegría hasta la ruptura. ¡Oh, es dolorosa! Parece que la vida misma se detiene.

Aún escucho las palabras de esta muchacha de veinte años, bella y sensible, que se agarraba con fuerza las manos frente a mí y que me confiaba con una pequeña mueca exaltada: "Sabes, ¡esta vez él y yo estaremos juntos toda la vida!". Cuán feliz estaba yo por su alegría, cuánto se emocionó mi corazón, pues veía en esta exaltación todo lo bueno, lo dulce, lo cálido del amor que se estaban dando; esas promesas de felicidad para toda la vida. ¿Cómo no ser goloso y no pedir más? Hasta volverse adicto a ese amor y a esta sexualidad, esa complicidad, esa burbuja para los dos.

¿Cuántos hombres no declaran su amor, su "te amo", justo al momento de su orgasmo eyaculatorio? Y es cierto que su amor depende de ello, como también depende del placer que su pareja le ofrece.

Pero ¿cuál es la cuestión de este amor? Para nuestros tórtolos enamorados para toda la vida, la historia llegó a su fin unas semanas más tarde, cuando la distancia geográfica los separó. Él le declara, por la vía de las ondas, que ella era muy pegajosa y qué él no sabía dónde meter la cabeza, que necesitaba su libertad para vivir y recomenzar otra cosa allí donde se encontraba, lo cual no tardaría, si no es que ya había comenzado.

¿Quién no ha vivido esas decepciones amorosas? ¿Esos apegos donde la felicidad se sostiene a partir de la dependencia mutua? O incluso esos amores de un momento, fugaces. Y después, quizá por protección o despecho, se pone en marcha esa sexualidad andrógina, en la que con nuestras polaridades masculinas/femeninas hacemos el amor "como si nada". Esto aplica tanto para las mujeres como para los hombres, sin riesgo de apegarse, incluso si ello no está en nuestro temperamento, nuestra razón de ser mujer.

Pero ¿esto no se parece más a un encuentro deportivo?

Así lo atestigua Sylvie Brunel, la exesposa de Eric Besson, quien publica para Grasset un *Manuel de guérilla à l'usage des femmes*[4]:

"A lo largo de su vida, sea joven o viejo, el hombre va a estar perpetuamente a la caza hasta el punto de que su sexualidad ahora se prolonga al infinito gracias al viagra. ¡Mejor cuídense!

Y la sociedad honrará y halagará los potentes reproductores que se unirán para crear una familia, de la cual se cansarán al llegar a los cincuenta años y se irán a cazar alguna presa más tierna, con la carne fresca. No tienen escrúpulos al abandonar a una mujer y a sus hijos, con frecuencia para fundar una nueva familia. Por otro lado, su nueva mujer tendrá, con seguridad, la misma edad de su hija mayor. ¡Y creen

---

4.   Nota del traductor: *Manual de guerrilla para las mujeres.*

que tendrán un rejuvenecimiento! Incluso, ¡estos hombres no se dejarán llamar 'abuelo' cuando llegan los nietos!... ¿No vemos esto a nuestro alrededor? El ejemplo de esta sexualidad sin límite se ve desde las élites, particularmente en los políticos que, inmersos en la fortuna y el poder, muestran sin vergüenza en todas las direcciones a su nuevo amor o sexualidad sin mañana".

Sylvie Brunel, mujer política y ecologista, da un testimonio sobre el sufrimiento de las mujeres humilladas, abandonadas, despreciadas, después de treinta años de vida en común. Una parte del género masculino se encuentra confrontado después de los cincuenta años a dar demostraciones sexuales, y no a mantener una vida de pareja equilibrada, como si fuera una carrera perpetua para saciar el placer sexual, en detrimento de un equilibrio afectivo verdadero y fuerte, en el seno de una vida familiar.

"Mujeres, estoy en contra... completamente en contra", como decía Sacha Guitry, pero nuestra polaridad femenina situada en el corazón nos permite a la vez reflexionar y sentir todo ello, a pesar de que sea doloroso.

Mientras estemos en la seducción o bajo la influencia de la seducción, estaremos rodeadas de sufrimiento.

Pues esta sexualidad de "fuegos artificiales" es una droga y nos hace dependientes, y con frecuencia después del éxtasis puede haber una caída, una depresión y una desilusión. Por otro lado, esto puede derivarse de la fatiga, del agotamiento.

Esto jamás sucede –todo lo contrario– con el orgasmo oceánico, el cual se estudia y describe en este libro.

Con felicidad, la humanidad sale de esta reproductividad animal, llevada por sus hormonas, de las cuales solo somos sus juguetes. Y puedo constatar que la juventud se interesa cada vez más temprano en el tantra, y a esta vía del tao que engrandece la visión de nuestra sensualidad-sexualidad. Ahora, las parejas jóvenes buscan perpetuar y enriquecer su vida sexual, no tanto por la excitación sino por los orgasmos intensos, más enteros, por tener un encuentro más íntimo y más profundo.

¿Por qué este orgasmo no nos vuelve dependientes? Porque es nuestro ser profundo el que se expresa en nuestro cuerpo, no nuestro juguete sexual local, incluso si este nos permite la unión, pero nuestro ser entero está conectado al hueso sacro, sexo/corazón.

Entonces, en la calma, como si fuera una meditación, toda nuestra energía sexual se pone en su lugar y viene a habitarnos verdaderamente hasta superarnos, hasta barrer nuestro ego, al alimentar cada órgano de nuestro cuerpo para llenarlo de vida.

Esta transmutación de la energía sexual aclara a la persona, y esta iluminación del ser la vuelve autónoma, más poderosa, independiente, pero unida a un todo. El amor no es como el del niño, pegado fuertemente a su madre, que tiene necesidad de ser alimentado por ella, sino como el de la madurez, incluso en una persona joven, para ir hacia el Yo expandido.

La prueba de esta sensación también puede conectarse en la calma, en la meditación, como si fuera un júbilo. Sepan que cuando llegan al júbilo, incluso solos y sin sexo, y contactan esta ola oceánica, siempre podrán volver a ella sin mucho esfuerzo, relajando la mente, los músculos y el cuerpo. ¿Esto parece lo contrario a los orgasmos genitales? Lo confirmo: es un estado de gracia, independiente y liberador.

Mantengo lejos de mí la idea de que hay problemas al separarse de todo, y alejarse del otro y de la sociedad, pero como sucede en toda dependencia, hay que cuidarse al distinguir aquello que infla el ego o la billetera, pues en este campo nada se compra, sino que se construye con paciencia, con un poco de esfuerzo y de perseverancia si la revelación no es inmediata, o inopinada como fue en mi caso. ¡Pero después de cuántas peregrinaciones existenciales!

Es cierto que la tentación está cerca cuando los antiguos esquemas resurgen, cuando se quiere proyectar, cuando se quiere construir con alguien la idea de una pareja o de un apego cálido y lleno de vida que ayudaría a sanar nuestras nerviosidades.

En ese caso, no hay problema si cada uno es consciente de su nerviosidad y trabaja en sanarla por medio de una sexualidad más consciente y más adulta. Hablaré de esto más adelante, inspirada por la lectura de una obra muy clara sobre este tema.

Vemos entonces que la adicción al amor, a la relación, al sexo, es la misma que al alcohol, la cual hace perder el sentido común y nos arrebata toda nuestra energía y libertad.

Las polaridades sexuales

Se sabe que los sexos masculino y femenino se atraen, pues tienen una polaridad diferente. En efecto, los órganos genitales del hombre están energéticamente cargados en "positivo" y los de la mujer en "negativo".

Esta energía eléctrica/magnética va a circular en bucle dentro de todo el cuerpo, como un circuito eléctrico, como una luz. Salvo que, para conectar los circuitos de la mujer, primero será necesario activar su red positiva, la cual se localiza en su corazón y en sus senos, y no en su sexo. Este último tiene una polaridad negativa.

No sorprende que cuando el hombre le reclama a la mujer "dame tu cuerpo", esta responda manifiestamente desde su amor: "¡Dame tu corazón!".

Sin embargo, todo parece al comienzo perfectamente condicionado, pues los dos polos, positivo y negativo, del hombre y de la mujer son una fuente de vida. La mujer alimenta al niño con su leche, mientras que la concepción depende del esperma, del semen del hombre.

Pienso una vez más que la mujer se ha perdido en su sexualidad al captar la energía y la sexualidad masculinas, las cuales ha adoptado como si fueran suyas...

Pienso en todo el tiempo que estuve perdida. Al controlar, al fabricar el erotismo igualando el de nuestra pareja, entramos en un juego que no nos pertenece y fabricamos las tensiones sexuales, que llevan finalmente a un tipo de orgasmo totalmente masculino.

¿Cómo podemos luego osar dejarnos llevar, ser blandas, estar relajadas y saborear "desde el interior y con el corazón" las microsensaciones, los pequeños escapes orgásmicos que cosqui-llean, que dan escalofríos y sorprenden todo nuestro cuerpo en cualquier lugar, hasta invadir el organismo entero de una felicidad sin nombre?

Entonces para regresar a la energía positiva de nuestro Shakti (una diosa), debemos ocuparnos del corazón. Pero si Shakti está en el amor, su sexualidad va a regarse desde su fuente, si me per-miten decirlo así. Si ella no parece del todo lista para hacer el amor, sus senos serán el sésamo de su placer y de nuestro intercambio sexual extático.

Una vez que esta energía se convoca y revela en los senos y en los pezones, este reconocimiento del polo positivo, de la puesta en marcha energética de Shakti, su sexo se vuelve entonces disponi-ble y se abre para recibir el pene. Este va a contactar el polo posi-tivo por… el interior, hasta su corazón, y ahora el bucle energético se pone en marcha y circula del uno hacia el otro, equilibrando las cargas *yin* y *yang* de la pareja reunida.

El error común es dirigirse y excitar directamente el clítoris, al igual que al pene y la vagina, lo que induce a una sexualidad dura y externa, totalmente diferente de la energía femenina, la cual frustrará a la mujer, quizá la enfurecerá (incluso inconscientemen-te), *Haciendo el amor: amor sexual. El modo divino*, de Barry Long.

La mujer, cuya energía sexual está atizada por la dulzura de las caricias en sus senos, beneficia esta energía positiva que se propa-ga por todo su cuerpo, alimentando su sexo que se vuelve, poco a poco, más estimulado y receptivo.

La unión de los polos positivo y negativo ahora está activa, y la armonía sexual tiene su lugar en la pareja, que de esta forma se respeta en medio del conocimiento y de la conciencia, pues se han convertido en UNO por la interioridad de su corporalidad y, como consecuencia, acceden al alma, a una espiritualidad corporal.

El sexo, una revelación espiritual

La práctica de la vía del tao por medio del masaje sensual permite alcanzar el orgasmo pleno, de todo el cuerpo, orgasmo que porta el despertar espiritual.

Una vez que el eje sexualidad/sensualidad se adquiere, la persona conecta definitivamente su energía vital con el placer, en lugar de hacerlo con la meditación.

Es el arte de conectarse entre el cielo y la tierra, y la vía de curación para las personas que han sufrido abusos sexuales durante su infancia.

La sexualidad vivida con todo el cuerpo deja de ahogar los órganos genitales con tanta excitación. La irriga por medio del despertar de las glándulas endocrinas, las cuales estimula gracias a la apertura y al funcionamiento de los chacras, y se propaga en los órganos internos del abdomen, a los cuales llena de vida.

Vemos acá la doble dimensión física y espiritual de esta libido de vida. La salud se restaura, y los chacras vibran mejor con la energía interna y externa del cuerpo. El exterior es el universo, toda esta dimensión que nos sobrepasa, y que sin embargo es esencial contactar.

Lo que sé intuitivamente es que cuando esta energía se alinea conmigo, estoy más feliz, más abierta, más unida conmigo misma y con el exterior, con los otros, con los eventos y con la naturaleza.

El ego ya no tiene su mismo lugar. Hablo del ego mental que forma parte de nuestra dualidad, en la cual vivimos la experiencia de la separación entre lo divino y nosotros.

El maestro tántrico Osho habla de este arte de amar como un desafío para nuestra sociedad, donde se deben reunir la sexualidad y la espiritualidad: estado de gracia en el encuentro del otro, algo que no es diferente del encuentro con lo divino.

Encuentro con el ego

Si desde la infancia lo humano necesita el ego para estructurarse, para crear una personalidad y construirse, para vivir en nuestra sociedad, el ego pide, sin embargo, ser marcado, limitado durante nuestro crecimiento: la *persona* = la máscara.

El ego y su herramienta preferida, la mente, toman el lugar del Ser conectado a la Fuente, y a partir de este momento se crea la dualidad. Quiere ser más inteligente, discutir y tener la última palabra. Luego, toma "todo el lugar".

Pienso que estamos hambrientos de nuestro "Ser". Pero presionados por estar al lado de nuestras ceremonias divinas, queremos recrear nuestra divinidad con nuestros placeres humanos. En efecto, tenemos tal falta de ser nosotros mismos que nos lanzamos de cabeza hacia lo que quisiéramos ser: el gozo del Ser...

Entonces, no siempre por necesidad, adoptamos la costumbre de contarnos lo que nos conviene para satisfacernos en todas las formas del placer: todo lo que se parezca a lo que nos atrae.

Es normal tentarse y querer llenarse de experiencias, pero también que veamos los resultados. Me gusta el chocolate, pero una pastilla no me satisface. ¡La chocolatina entera se devora! Una copa de vino blanco es deliciosa, ¡a brindar y la botella queda vacía! Al día siguiente, recordamos que tenemos un hígado y un cerebro. Y todo ello en nombre de un placer "local".

Para todo el gozo local, incluso el sexual, ¿estaríamos listos a buscar aspiraciones y éxtasis más grandes?

Nuestro ego mental siempre va a favorecer este hábito o experiencia que nos aparta de lo que somos realmente, y, muy fácilmente, en "nombre del placer".

Además, hemos aprendido que somos la consecuencia del pecado de la carne, del placer. Entonces nos decimos: sí a la copulación, pero no al regreso del gozo masculino-femenino encontrado. Vean bien esto. ¿Es fuerte, no?

Sin aprendizaje de lo que es nuestro Ser, somos unos pozos vacíos y nuestro ego mental nos domina con una facilidad sorprendente, siempre listo a prodigarnos los argumentos correctos en el momento oportuno.

La increíble demencia de nuestro ego mental nos impide ver y saber qué somos realmente.

En la escuela no fuimos instruidos en todo esto, en lo que somos en realidad. Quizá por temor a que adquiramos mucho poder, pues alguien dentro de su eje no es manipulable ni influenciable como en una manada.

La culpabilidad nos somete, al volvernos dependientes de los juicios, mientras la responsabilidad y la sinceridad nos apoyan en el regreso a nosotros mismos.

Esta actitud permite ubicar el ego mental que nos impide ir hacia el lugar correcto respecto al placer personal. También nos impide tener una buena relación con el planeta y no podemos ver quién es el titiritero de nuestra vida: sea este el irresponsable netamente humano, o el Ser conectado a la Fuente.

En efecto, nuestro ego mental nos impide conectarnos a la fuente de nuestro Ser. Cada uno tiene el poder de cambiar y de orientar su vida y su destino. Esto lleva a una fuerza de carácter, una voluntad y una cierta lucidez sobre los cambios por realizar.

Rápidamente debemos tener conciencia… de nuestra inconciencia.

Acercarse a la vía del tao por medio del masaje sensual, con un trabajo sutil puesto en marcha, permite un comienzo, una continuación y una buena conclusión de esta toma de conciencia, tanto en el plano corporal como en el espiritual. Gracias a esta apertura que dan las sensaciones por medio del masaje, el desarrollo se activa y nos conduce a una verdadera energía de vida.

Salud y reconexión

La maravilla es el poder de reconectarse con nuestra naturaleza profunda para atravesar la vida, una reconexión con nuestros sentimientos y con nuestras sensaciones, las cuales abren las puertas hacia el ser que somos, capaces de autorregularnos y de ser autónomos. De esta forma, estamos unidos a lo que es bueno y justo respecto a los encuentros con nuestra verdadera naturaleza, que jamás cesó de estar allí, a nuestro alcance.

Esta naturaleza nos guía hacia nuestra cotidianidad, y permite que nos conectemos con nuestra fuente sin cesar y, de esta forma, ver nuestro camino más claro. Una vez que el contacto se establece, así sea por un momento fugaz, este se "reconecta" muy rápido, casi por sí solo, al encuadrarse en el eje, quizá con la conciencia de quiénes somos realmente, y se halla una nueva claridad de vida.

El aspecto espiritual de este propósito no debe perder de vista que también es un acercamiento profundamente psicocorporal. En otras palabras, es aquello de lo que estamos hechos; por tanto, no hay magia. La psicología biodinámica invita a este estado del ser, y el mensaje sensual taoísta contribuye, si se conduce bien , a vivir esta experiencia.

La conciencia del cuerpo está a la mano de todos, con una calidad de trabajo o un nivel de esfuerzo diferentes, según cada persona. Pero este esfuerzo vale la pena. Sin esta conciencia, somos muy permeables a los otros. Estamos muy indiferenciados entre lo que nos pertenece realmente y lo que no.

Esta conciencia del cuerpo es instructiva al comienzo, antes de que se formen las corazas. Está presente en el bebé al comienzo de su vida. Luego, las corazas se forman en diferentes niveles, tanto en los tejidos como en los músc+ulos. Después, en los estados emocionales y de carácter –donde la persona se encierra en los esquemas o en las creencias rígidas que parecen protegerla, y que en todo caso asimila así–, se aparta de la vida verdadera.

Es fascinante constatar hasta qué punto una persona encerrada en sus convicciones es frágil y vulnerable en el interior. Cuanto más duro y rígido está el cuerpo, en el interior es más suave e inconsistente, tiembla de miedo.

En esta vía del masaje sentido suavemente, las puertas externas del encierro –primer bastión del cuerpo– se desbloquean, el cuerpo se encuentra y adquiere una nueva "respiración" a nivel celular; la célula se fortifica, se reafirma, se hincha, se reacomoda, toma vida y confianza...

El Yo se estructura armoniosamente en medio de la salud física, psíquica y moral: "Siento quién soy, y lo vivo en relación con el mundo". Mis intenciones y decisiones solo son encierros, puedo evolucionar y cambiar el grado de la vida y de las situaciones. La vida se vuelve menos peligrosa, pues tengo todo lo que necesito para afrontarla. Es decir, teniendo una buena inteligencia relacional, mis necesidades se vuelven más claras, sé lo que quiero y a lo que puedo acceder, responder y satisfacerme.

Estas cualidades del saber-ser, del saber-vivir, son inherentes al género humano en cualquier nivel de la población, sin importar la educación o la clase social. El mal-ser y el encierro con frecuencia vienen acompañados de los temores, de los sobresaltos, conscientes o no. Los juicios de los otros (al igual que los suyos), el espíritu de la comparación y de la competición en la escuela ponen rígidos los músculos, los miembros y la mandíbula. Si la fuerza de vida deja una huella de gozo y algo de despreocupación, esto no deja de ser una ligereza, nos convertimos en un ser con falta de confianza: la vida es dura.

Este es el camino de muchas personas, incluso si es difícil de alcanzar.

La buena noticia es que no es difícil regresar al origen del ser, pues con un poco de confianza, de fe y de perseverancia, podemos volver a ser quienes somos realmente antes de travestirnos, antes del enmascaramiento de la *persona*, de la personalidad…

Una vez que somos capaces de entender, de ver en qué película nos metimos, podemos apreciar con distancia nuestro "cine", nuestra manera propia de jugar con nuestras emociones, de ver evolucionar nuestro ego mental, y saber hasta qué punto podemos contemplarnos en esta película o teatro de nuestra vida, sea para bien o para mal.

Pero a partir de este momento, esta toma de conciencia no nos permite ver los papeles que interpretamos. Luego, con discernimiento, podré decidir si quiero o no vivir de tal o cual manera. En otras palabras, la conciencia me permite retomar en mis manos el guion de mi vida… crearlo con la conciencia de mi futuro y de mi calidad de ser:

"¡Al fin, existo realmente!".

Apertura del corazón

Un procedimiento personal sin la apertura del corazón se quedaría en un ejercicio puramente egocéntrico, a lo mejor en una afirmación del "pequeño Yo". Asociado en el pasado al romanticismo, al misticismo, el corazón se convirtió en la edad tecnológica en una bomba intercambiable. Sin embargo, uno de los más grandes desafíos sigue siendo la capacidad de amar, la compasión vivida y la comprensión de su unidad, la cual sobrepasa las diferencias étnicas y políticas.

En el plano espiritual, el grado de desarrollo de nuestro chacra del corazón refleja nuestra situación actual y nuestra capacidad de conducción de la luz.

Podemos considerar al corazón como la bomba que atrae aquello que llamamos las "cualidades", o incluso la atmósfera del alma de un individuo. Según el terapeuta psicocorporal, se trata de su capacidad de empatía, de contacto con la realidad del cuerpo y de la mente de una persona, creando la presencia terapéutica.

Esta realidad de la conciencia está a la mano de todos.

Proveer el cuerpo

Un médico de mis amigos me confesaba que no fue formado para tocar el cuerpo colocando la conciencia al contacto de sus manos.

El cuerpo médico está investido de gestos técnicos, diagnósticos o gestos terapéuticos con frecuencia "agresivos", como las intervenciones quirúrgicas.

La persona se ve como un objeto distante. Se trata solamente de interesarse en un órgano o en un miembro enfermo, según un protocolo médico.

Para ellos es imposible, hablando deontológicamente, tocar el cuerpo con suavidad y procurarle un relajamiento, darle un reconocimiento. Esta intrusión en los cuidados podría interpretarse como un abuso sexual en un marco profesional. Y es normal en la medida en que la persona que toca, sin estar formada en el contacto energético terapéutico, no recibe ninguna gratificación personal. Esta es la cuestión del don del masaje taoísta que he implementado.

¿Cuál es la cuestión? Esta noción es totalmente nueva, pues desde hace unos diez años entramos en la era del masaje.

En efecto, en todo masaje, ¿cómo puede abandonarse la persona masajeada si siente el deseo del otro y el propio disfrute de la situación?

En lugar de dejarse ir durante el relajamiento, la persona masajeada debe controlar la situación para protegerse de cualquier tentativa de invasión de su territorio corporal o de su sensualidad, sexualidad o incluso de ser psicológicamente sobrepasada por los eventos.

¡Aceptemos que hay otras ocasiones para entrar en este tipo de relación!

A menos que, bien entendido, se anuncien con antelación las intenciones… Al comienzo, estas palabras hacen que abran los ojos las personas que trabajan conmigo. Explico estas reglas en la descripción del masaje, en la segunda parte de esta obra.

Como adulto en búsqueda del desarrollo de la conciencia, siempre es importante desde el comienzo poner los puntos sobre las íes. "Esto significa que como mujer, por ejemplo, yo sé si deseo o no compartir un contacto sexual. Si no lo sé, pues bueno, ¡lo voy a decidir!". Sentir en frío si el acercamiento íntimo y sexual con esta persona es bueno o necesario para mí, o no… a partir del momento en que nos escuchamos claramente.

En este caso, al darme la posibilidad de estar en contacto con alguien en el aprendizaje del tacto delicado, asegurador y respetuoso que hay en mi energía, me voy a sentir contactada de manera intrusiva sin ningún fin… entonces, sin querer dar placer, sin ser voluntariamente excitante, voy a liberar mis tensiones. Y bajo los dedos de mi pareja, podré dejarme llevar hasta sentir la amplitud de mi capacidad energética y vibrar con todo mi cuerpo, si lo siento. Luego podré, con la persona correcta, abrirme al sexo masculino para tener una comunión de cuerpo y de alma.

Entonces será en la relajación, sea por decisión propia o en pareja, donde mi cuerpo va a poder abandonarse, dejarse llevar y ser "orgásmico" naturalmente; raramente es para dar placer al otro, pero si esto sucede es bienvenido.

Desarrollemos un poco este asunto que no es fácil de asimilar. Es una actitud que enseño, pues la energía magnífica, todopoderosa del cuerpo, necesita utilizar un máximo de relajación y de confianza.

Entonces, y solamente en este caso, la energía sexual podrá expandirse a todo el cuerpo, más allá de los órganos genitales.

Acá podemos constatar y sentir en el cuerpo qué es la libido de vida, esta energía de vida que nos pertenece totalmente. Esta libre circulación va a ondular a través del cuerpo, se infiltrará en los más ínfimos y delicados lugares de la anatomía que antes nunca hubiésemos creído que eran zonas erógenas. A partir de esta intensa sensación de plenitud, podré realizarme completamente, estar más viva, ya no soy dependiente del otro, y él tampoco.

Esta alimentación es propia de cada uno y se individualiza hasta alcanzar su paroxismo de placer total. Y qué felicidad se siente en este gozo dulce y profundo.

No digo que el otro o que la relación no sean importantes, al contrario. ¡Qué delicia poder compartir estos momentos de complicidad y de abandono!

¡Puedo relatar numerosas confesiones de personas que se sentían frustradas porque no podían llegar al orgasmo, mientras su amante insistía en practicar un *cunnilingus* interminable, aplicado y vigoroso, el cual dejaba los músculos de ambos tensos y a punto de romperse!

A final de cuentas, esos músculos tensos eyacularán o tendrán un orgasmo clitoridiano, según sea hombre o mujer. Hay una gran pérdida de energía: él va luego a dormirse o a fumar un cigarrillo. Ella sentirá sus ojos cerrarse y su fatiga va a acentuarse, o germinará una frustración. No se trata de satanizar este tipo de orgasmo. Sin embargo, a través del aprendizaje de un tacto tan delicado que puede expresarse por medio del masaje, sea por una actividad sexual relajada, dulce y tranquila, sin una fuerte excitación y con otro tipo de gozo, una energía diferente podrá encontrar su lugar, ¡instalarse por todo un día e incluso por mucho más tiempo!

El orgasmo del que hablo, alcanzado sexualmente o como me sucedió a mí gracias a una ola tántrica, me alimenta durante tres semanas, sin apegos ni dependencia alguna.

Sexo y vulnerabilidad

Durante los conflictos o disentimientos no abiertos con la pareja, nos callamos, nos encerramos y la conexión sexual se desconecta. Los juicios silenciosos se acumulan, y nos culpamos nosotros y a nuestra pareja.

Si uno de los dos refunfuña y se queja en voz alta, la sexualidad también corre el riesgo de afectarse.

Cuando nos encerramos en el sufrimiento de la víctima, como si fuéramos un niño herido, ya no somos capaces de mantener el vínculo sexual.

El desafío es decirse todo hasta el final, mantener el ego suficientemente consciente para reaccionar con el otro, sin ser crítico, pero manteniendo la conexión energética.

Cuanto más se acumulan los juicios hacia el otro, más se aleja el entendimiento sexual. En la crítica mutua, la sexualidad muere rápidamente.

Si la vulnerabilidad no aflora en la relación, no se puede alcanzar esa maravillosa complicidad en la sexualidad y avanzar juntos.

Mantener una comunicación sana en el seno de una pareja es un ingrediente primordial para una vida sexual rica y placentera.

¿El que siempre cuida del otro, se siente siempre responsable? La vida en pareja y la sexualidad corren el riesgo de desvanecerse y de perder su intensidad.

Si se presenta un comportamiento en el que no hay igualdad, como un niño en el seno de una pareja, y se le da todo el poder al otro, esta actitud puede matar el sexo.

La vida pide un movimiento y un intercambio en los encuentros. En una vida de pareja donde todo es positivo, reconfortante, amoroso, sin desacuerdos ni fricciones, la relación física también puede erosionarse. Con mayor razón cuando hablamos de sexualidad –con frecuencia uno de los temas más difíciles de abordar–, la comunicación debe mantenerse de manera clara y honesta.

La relación sexual comienza y se establece cuando la pareja se expresa mutuamente, sinceramente sobre lo que cada uno siente. Si este intercambio existe, entonces la relación física se enriquece y funciona.

No se juzguen, no se critiquen sin cesar, así se vuelven poco atractivos, poco sensuales para el otro, pero también hacia ustedes mismos y rompen el vínculo de la atracción sensual.

Mejor únanse mutuamente en su vulnerabilidad, sintiéndose seguro con el otro. Crear esta intimidad requiere atención en cada momento. Obsérvense sentados uno frente al otro, acepten mostrarse vulnerables frente al otro. Este es el punto de partida que deben considerar.

¡Tomen en cuenta que la sexualidad puede disociarse de la intimidad! En efecto, el acto sexual tal como es, por su intensa focalización, puede no ser dependiente de la relación ni de la intimidad.

Los hombres han sido entrenados tradicionalmente para ser muy viriles, pueden ser machos cuando se trata de la sexualidad, y algunos valorizan incluso más el acto sexual que la intimidad. En este caso, estos se estiman más por sus habilidades sexuales que por el valor y la calidad de su relación con la pareja. Su problema es saber si llegaron hasta el límite con ustedes: "Entonces, ¿feliz?".

En los cuatro niveles de la intimidad (física, emocional, psicológica y espiritual), cada uno tiene su propia expresión energética. Sin la intimidad emocional, psicológica y espiritual, una relación es justo a lo que se parece: algo puramente físico. Cuando las parejas son jóvenes, este nivel puramente físico funciona bien en general, pues la mayor parte del tiempo no conocen nada más.

Con los años, afortunadamente, muchos reclaman una consideración más profunda y completa con su pareja.

Si la intimidad física nos interesa particularmente, constatamos que lo que les faltará a muchas personas es la experiencia de una sensualidad o de una intimidad independiente de la sexualidad. El sexo básico se les facilita más a muchas personas que la intimidad.

Según la experiencia, las mujeres parecen tener una intimidad interna más natural que los hombres. Esta conexión parece más fácil para ellas, en general, y con frecuencia los hombres conocen mejor su cuerpo y su intimidad física. Pero en nuestra época, cuando más mujeres están enriqueciendo su actividad exterior, los hombres parecen más sensibles a sentir la necesidad de intimidad, y esas demarcaciones estarían entonces difuminándose.

Aconsejo un cuidado de la intimidad por medio del masaje, el cual se puede sentir a través de todo el cuerpo como un escalofrío sutil epidérmico, y sin dirigirse específicamente a los órganos genitales.

Al comienzo, se siente como un pequeño temblor en todo el cuerpo. Todos nuestros sentidos se despiertan extraordinariamente, nuestros ojos pueden identificar más luces en los objetos y en los colores, los sonidos se amplifican, el tacto se exalta y el olfato se afina.

Esta energía nos vuelve más vivos, más sensuales, y preserva la autonomía de la persona; nos sentimos vibrantes, fuertes y frágiles a la vez.

No es simplemente un cambio cuantitativo en las experiencias sensoriales, es un cambio cualitativo.

Esta energía puede presentarse durante una relación sexual. Sin embargo, con frecuencia no lo está.

Pueden buscarla, sin saber exactamente qué están buscando.

Si usted es alguien muy activo o muy racional, muy crítico, muy perfeccionista, quizá se le va a dificultar cultivar esta energía. Para que esta se presente, es necesario que usted cambie sus tiempos. Necesita un ritmo más suave, más lento.

Le aconsejo que viva vulnerablemente, abandónese, sea auténtico, en confianza consigo mismo y con el otro, para poder mirar profundamente aquello que usted calla, que lo habita y poder compartirlo. Esta madurez lleva a vivir más peligrosamente, pero más cerca de usted, más completamente.

Cuando hacemos el amor, es una unidad expandida hacia el universo que se compenetra con nuestra relación física y emocional. Durante un tiempo, podemos dejar a un lado nuestros temores pasados y futuros, y compartir esta magnífica experiencia del cuerpo, de la mente y del corazón. Con el tiempo y la amabilidad, estos profundos condicionamientos pueden desaparecer en la medida que la confianza y la seguridad se instalan. Por fin podemos sentirnos libres... ser auténticos. Nuestros corazones y nuestros cuerpos pueden comprometerse, podemos sentir el placer de los sentidos y dejarnos sorprender sin buscar, encontrar o imponer. Simplemente estar realmente vivos, ser sinceros para avanzar en profundidad, mostrar quiénes somos frente a nosotros mismos y frente al otro.

Si nos sentimos libres, podemos sentir placer y contactar nuestros pensamientos a la vez, nuestra inquietud. Si nos deslizamos por un estado de tristeza o de abstinencia, podemos compartirlo y hablarlo abiertamente. Esta honestidad abre la posibilidad de aliarse, más que de aislarse. En lugar de aparentar estar presente, quizá es mejor pedir ser abrazado, permitirse pedirle a su pareja una apertura para evocar su necesidad. Ser cada uno un ser integral, sin juicios ni justificaciones.

El compromiso es una seguridad que permite la intimidad sexual, pues a falta de un vínculo profundo, la tendencia será más una agitación, una búsqueda de las formas del placer exterior, unas nuevas técnicas sexuales o buscar nuevas parejas.

El objetivo del hombre
y la cultura del resultado

En nuestra sociedad, el hombre debe mostrar e incluso probar que es capaz de dar resultados, en todos los campos de la vida. Debe "ganarse la vida", con preferencia "muy bien". Vive en el mundo de la competencia, de su trabajo, de su forma física, del deporte, de la seducción… ¡y ni hablar en el ámbito sexual!

Con la mujer, debe ser capaz de hacerla llegar al orgasmo. Esta exigencia puede ser traumatizante y, con frecuencia, se obnubila por su erección. ¿Y si la erección no se da antes del contacto sexual? ¿Y si no aguanta todo el voltaje fantástico al momento de hacer el amor? ¿Si no logra hacerla llegar al orgasmo? ¿Si no alcanza a satisfacerla?…

Sin querer decir que no aprecie el amor desbordado, siempre detesté que quisieran que me viniera a todo precio, y puedo afirmarles que no soy la única… Esta cultura de "ir hasta el final", del resultado en este dominio no me permite sentirme ni dejarme llevar por ninguna vibración, de estar en mi ritmo, en mi expansión, en mi "propio tiempo".

La célebre expresión pronunciada por Jean-Pierre Marielle en la película *Les Galettes de Pont-Aven*, donde con su aire machista pregunta después de hacer el amor: "Entonces, ¿feliz?", se volvió una frase de culto. Esta actitud tan frecuente me deprime y me molesta, a pesar de que pueda hacerme reír, como a muchas otras mujeres. Pues la única cuestión que parece preocuparle al hombre es el instante de la copulación, cuando necesita especialmente la confirmación de su virilidad fálica. No se preocupa por la calidad de la relación completa e íntima con la mujer.

En el tao sensual, y durante el masaje, no estamos en la búsqueda de un resultado, sino simplemente de una comunión. No hay nada qué dar ni tomar, incluso si esto parece no encajar en el funcionamiento del hombre.

Este masaje específico le permite al hombre ir al encuentro de lo femenino en su interior, y ponerlo al servicio del amor.

La vía del tao por medio del masaje sensual va a permitirles a ambos, hombre y mujer, ir hacia una realización típicamente femenina, donde el placer *yin* se instala en "plataformas", y donde la eyaculación ya no es un fin en sí misma. Progresivamente, estas plataformas de placer se sostienen con el tiempo y se viven y sienten en todo el cuerpo. Esta amplitud es gratificante, alimentadora, como una ola de bienestar, como una onda que, cuando estamos presentes con nosotros mismos, se ampara de todo nuestro ser y lo sobrepasa.

El masaje taoísta le permite, además, al eyaculador precoz estar más en una posición de testigo, en un deseo más dulce, y menos sumergido en el estrés del temor a la eyaculación.

Este trabajo le permite al hombre estar más allá de su potencia, más que de su estado de excitación.

Es potente por su conexión energética con la mujer con quien se conecta, hasta alcanzar el paroxismo del orgasmo oceánico.

El magnetismo

Todos estamos dotados de una potencia magnética, verificable notablemente en nuestras manos.

Al trabajar en este masaje, volvemos nuestras manos y nuestro tacto más sensibles para hacer circular la energía bajo nuestros dedos. Esta se utilizará para abrir nuestros centros energéticos específicos, los chacras, así como para conducir la energía en nuestros meridianos y equilibrarlos.

Usted puede tomar contacto directamente con esta energía al frotar las manos una contra la otra, como hacen los campesinos antes de agarrar su herramienta. Muy rápidamente, no solo sus manos se recalientan, sino que sentirá un cosquilleo, particularmente en la punta de los dedos. El color de las manos se oscurece y las palmas vibran; su intensidad magnética aumenta.

Ahora, con cuidado, separe sus palmas y sienta el espacio vivo y vibrante en sus manos; ligeramente, separe y acerque sus palmas una contra la otra, como en pequeños golpes. Podrá sentir picaduras que, progresivamente, se alargan como agujas. Si la sensación se debilita, vuelva a buscarla donde la perdió, o vuelva a golpear sus manos.

La siguiente parte del experimento consiste en crear una bola ficticia de algodón o de espuma entre sus manos, sentir sus límites y expandirlos. La bola se vuelve más grande y usted separará con lentitud sus manos, hasta llegar a ver un balón, incluso un aro entre sus manos.

A medida que avanza esta práctica, usted entra conscientemente en contacto con su magnetismo.

Le sugiero pasar sus manos a dos o tres centímetros de su rostro y sentir el calor de la energía como una caricia tranquilizadora.

También se puede beneficiar de esta relajación al poner sus manos sobre o cerca de los plexos, con el fin de liberar los nudos de las tensiones que podría tener en este lugar y, de esta forma, verificar la eficacidad del magnetismo.

En todos los casos, lo animo a frotar sus manos de esta forma antes de todo masaje, a fin de energizar y aumentar la calidad de su contacto.

A manera de conclusión

Su cuerpo es el arpa de su alma,
y de usted depende sacar sonidos confusos
o una música dulce.

Khalil Gibran

Para alcanzar el orgasmo oceánico, la calidad de la relación sexual depende de la presencia fina consigo mismo y con el otro, así como de la calidad táctil.

Cuanto más aflore el contacto en la piel, más podrá relajarse la célula corporal y se hinchará para liberar su potencia orgásmica, es decir, su bienestar.

El gesto lento y reposado no buscará ningún resultado para no contrariar al otro.

La sensación infinitamente sutil dada por el masajista dirige como un director de orquesta quien, con la punta de los dedos, hace vibrar la energía, la impulsa y la conduce a través del cuerpo masajeado. Y todo esto, gracias al masaje taoísta, precisamente.

Es un masaje que se debe practicar regularmente, tal como se enseñará, para hacerle un mantenimiento a la libido.

De esta forma, cambios fundamentales operarán en la vida de las parejas:

La práctica enriquecerá encuentros en la sexualidad, para las nuevas generaciones, con nuevas preguntas.

La verdadera intimidad, con la capacidad de hablarse y de cambiar profundamente, expande el conocimiento y permite a cada uno reinventar la pareja.

El advenimiento de lo espiritual en la sexualidad, permite descubrir otra dimensión de lo humano.

En nuestra sociedad del siglo XXI, el cuerpo se expresa y sublima en la juventud que, quizá por reacción, lo tatúa y lo perfora, en una exhibición sin límites.

Ese cuerpo, convertido en objeto sexual, se convertirá en el terreno de una debacle psíquica donde la juventud se encontrará prisionera de un placer extraño, quizá destructor, como una droga, hasta la prostitución y las desviaciones desde el comienzo de la adolescencia.

La educación por medio de la pornografía ha conducido a la juventud a complacerse a cualquier precio. Situación que señala a todos los padres y educadores.

Es hora de enseñarles a los niños y a los adolescentes. De decirles la verdad, y de dejar de escondernos cuando se abordan las cuestiones del sexo. Hay que saber hablarles abiertamente como adultos y educadores sobre qué es la energía de vida, nuestra libido de vida, pues sin ella no seríamos seres vivos.

De hecho, es natural estar en un cuerpo con sensaciones y gozos de vida. Pero ¿cómo utilizar esta energía? ¿Cómo no ensuciarla? ¿Cómo convertirla en nuestro pan de cada día? El objetivo de la vida de cada persona será no evolucionar como animal, sino como un ser humano realizado.

La vía del tao por medio del masaje sensual abre un inmenso campo de posibilidades, en la armonía encontrada en lo femenino y en lo masculino dentro de cada uno de nosotros.

Al alba de esta nueva humanidad, el hombre y la mujer han comenzado a inventar una nueva forma de estar juntos, unidos a su divinidad del ser.

SEGUNDA PARTE

Preparación para el masaje

Al comienzo, y sobre todo para las parejas, será útil organizar este masaje como un ritual.

Fecha y hora deben convenirse entre ustedes, con el fin de darse tiempo y placer en las mejores condiciones. El lugar se preparará, decorará y climatizará por quien se hará cargo, según lo que hayan decidido.

Los cuerpos estarán cuidadosamente lavados, minuciosamente limpiados en los lugares estratégicos, con el fin de sentirse cómodos consigo mismos y con el otro.

También se debe prever si solo se dará un masaje y a quién de los dos, o si serán dos masajes, con la idea del ida y vuelta.

Se tomarán todas las precauciones para evitar interrupciones: teléfonos y celulares desconectados, y niños ausentes.

La música se escogerá, según sus gustos, y especialmente por la persona que recibirá el masaje.

El tiempo de cada gesto, a pesar de que está sometido a sus sentimientos y apreciaciones, les será indicado en los pictogramas.

La visualización de los pictogramas les permite reconocer instantáneamente el gesto y la acción de su práctica, con el fin de prepararlo al siguiente gesto indicado.

El acercamiento sexual del cuerpo durante este masaje está limitado a dos momentos precisos. Esto tiene como meta respetar la ascensión energética en el cuerpo de la persona masajeada, y no ceder a un impulso sexual. La vibración podrá difundirse e instalarse ampliamente en todo el cuerpo. Esta sensación puede alcanzar un infinito placer y un estado de gracia.

Aconsejo igualmente decidir antes del masaje si habrá una relación sexual o no. Esta actitud abre y torna disponible la circulación energética del cuerpo entero hacia una "conexión sexual". El bucle se hace circular entre los sexos, que hacen las veces de condensadores. Es inútil buscar una excitación local de los órganos genitales, pues ya están cargados por el masaje completo del cuerpo y la meta es difundir esta fuerza de luz energética hacia todo el organismo, para alcanzar el éxtasis.

Recuerden: al liberarse de cualquier meta por alcanzar, partiendo del hecho de que no hay nada qué dar ni nada qué tomar, liberarán todas las tensiones ligadas a la expectativa. Es una verdadera vía de meditación, donde el "dejarse llevar" puede conducirlos a un lugar más lejano de lo esperado.

Si la escogencia que hicieron juntos, antes del masaje, es no contactarse sexualmente, les ruego respetar esa decisión. Pueden cambiar la decisión en el siguiente masaje, pero los animo a no dejarse llevar por el impulso sexual del uno o del otro. Se corre el riesgo de regresar a comportamientos anteriores, llenos de excitación local debido a las fantasías, al ego mental que "me sirve" para satisfacer mis necesidades inmediatas (ver capítulo sobre el ego mental).

Sin embargo, les pido que no se culpen si no respetan el fino hilo de sus intenciones primarias. Solo tomen conciencia sobre cómo se sintieron y reaccionaron según el ego, el cual siempre quiere gobernar las situaciones y dirigir nuestros actos en la vida.

Podrán constatar cuán difícil es, particularmente para la mujer, decir "no", y honrar y hacer respetar su decisión. Y para el hombre, cómo es de difícil, a veces, enfrentar su impulso sexual y tener un gesto de consideración por la palabra empeñada y recibida. Esta atención respetuosa reforzará su estima propia y mutua, y se sentirán agradecidos.

Por ello, los invito a hacer su escogencia antes, escuchándose mutuamente, como si fuera una meditación. No olviden que hacen esta escogencia, con el fin de reforzar su energía sexual interna, no para privarse del placer ni del amor.

Por otro lado, encuentro importante sacralizar su actitud y su trabajo, al contactarse espiritualmente por un magnífico saludo "namasté". Esta pequeña ceremonia de reconocimiento y de agradecimiento establece sus vínculos sagrados y de respeto mutuo, trasciende su humanidad y reconoce su divinidad.

Para ello, deben ponerse cara a cara, en medio de la calma de su lugar, donde habrá una vela encendida. Los pies deben estar bien apoyados en el suelo, con sus manos juntas en posición de oración. Señalarán con sus dedos hacia el suelo para captar la energía de la tierra, y suavemente conducirán esta energía hasta el corazón para concentrarse en lo que sienten.

Tómense su tiempo. A medida que avanza la práctica, son más perceptibles las sensaciones y los sentimientos más finos. No olviden que están conectados energéticamente entre el cielo y la tierra y que, más que nunca, ustedes están captando informaciones y palabras que vienen desde el corazón. Cuando estas palabras suban hasta la conciencia, observarán a su pareja directo a los ojos, preferiblemente sin pestañear. Esta actitud puede parecer poco delicada al comienzo y pueden sentir incomodidad, pero la inmensa cualidad de esta experiencia sobrepasará rápidamente su timidez. Con su mirada perfectamente instalada en los ojos de su pareja, no es de extrañar que una emoción fuerte inunde sus pechos. Aguanten, trasciendan también en esta sensación, pues es solo el comienzo de lo que harán circular por todo el cuerpo durante el masaje.

Mirándose fijamente a los ojos, acerquen sus frentes: solo verán un solo ojo. Es magnífica la intimidad y la profundidad. Pueden pensar que están sumergiéndose en el "tercer ojo" de su pareja.

Luego de haber estabilizado su presencia el uno con el otro en este acercamiento, exprésenle una gran gratitud a su pareja. Por ejemplo, de parte de Shakti (diosa): "Te agradezco, noble Shiva (ser divino) por tu confianza, tu presencia y tus cualidades de escucha que pones al servicio de este masaje".

Él podrá responder: "Gracias, bella Shakti por tu dulzura, por tu amor, con placer me ubico entre tus manos, en las cualidades de tu corazón y de tu escucha…".Verán que una vez dentro de la situación, las palabras florecerán en su mente de manera sorprendente. Confíen en ustedes.

Este saludo se repetirá, igualmente, al final del masaje o de sus encuentros.

Luego, una comunicación sincera entre ustedes será rica en informaciones honestas y desligadas de juicios. El masajista hará una pregunta abierta: ¿Qué viviste y sentiste? En su respuesta, intenten utilizar la intimidad de la palabra, sin temor a ser juzgados. Poco a poco, la profundización de su sentimiento sensual y emocional evolutivo se convertirá en algo más consciente y podrá enunciarse claramente. La persona masajeada será quien se exprese; luego, y más brevemente, el masajista dirá lo que vivió a través de ese masaje.

Estas experiencias son ricas en informaciones delicadas, las cuales no podrían traerse a la conciencia sin este masaje. Tampoco duden en sentir, vivir la intimidad y compartirla con su pareja, de una manera profunda y agradecida.

Con el fin de facilitarles la tarea, podrán dar este masaje detallado con las fichas técnicas que se muestran a continuación.

Elaboré estas fichas con gran cuidado. Fueron interpretadas por el filtro de mis sentimientos y de las experiencias vividas a través de los talleres.

¡Les deseo un feliz viaje!

Presentación y metodología del masaje, fase por fase

Contar con una hora y media o dos horas.

FASE 1. PREPARACIÓN
Limpia y abre los conductos de energía

Por el momento, no hay que aceitar las manos. Luego, aceite muy poco para tener un buen contacto con la piel.

En el texto, *yin* significa ligero, floreciente, con frecuencia lento, y *yang* significa más apoyado, más global, más rápido.

1. Estire las sienes / 1 min

Estire la piel situada entre el ojo y los cabellos, pellizcando muy delicadamente entre el pulgar y el costado del índice.

PÍDALE A SU PAREJA QUE LIBERE LAS IDEAS, QUE NO LAS RETENGA; QUE LAS VACÍE Y CREE ESPACIO PARA UNAS NUEVAS.

2. Estire la parte alta del pecho / 1min

Coloque los dedos entre las axilas y las palmas en los pectorales; luego apriete delicadamente y separe para estirar la parte superior del pecho. Esto no debe doler; apoye más las palmas sin apretar con las manos.

VISUALICE HERIDAS EMOCIONALES Y SENTIMIENTOS CONFUSOS SALIENDO POR EL PECHO, PARA DAR ESPACIO A EMOCIONES NUEVAS.

3. Estire el abdomen superior / 1 min

Al ubicarse al costado y mirando hacia la cabeza, presione al nivel de las falsas costillas. Estire el diafragma que separa el abdomen superior del inferior.

Piense en desbloquear sus rodillas y relajar su mandíbula.

VISUALICE A SU PAREJA EN UN ESTADO DE TOTAL ACEPTACIÓN DE SÍ MISMA.

4. Estire el abdomen inferior / 1 min

Presione a la altura de las caderas, desde la parte alta del pubis y estire el abdomen inferior.

VISUALICE LAS INHIBICIONES SEXUALES DISPERSARSE. HAGA ESPACIO PARA CREAR NUEVAS SENSACIONES.

5. Estire la cadera / 1 min

Gire mirando hacia los pies y pídale al masajeado que flexione sus rodillas para levantar el coxis. Deslice las manos de cada lado al nivel de la unión entre el muslo y la nalga, y hale lateralmente hacia el exterior sin levantar. Pregúntele al masajeado si su perineo se estiró bien.

PIENSE QUE SU PAREJA ENCUENTRA UN ESTADO DE PAZ, UNA VERDADERA IDENTIDAD.

FASE 2: MASAJE BOCA ABAJO

1. En posición de descanso, con la mano entre los omoplatos / 1 min

Comience con una mano 50 cm por encima de la cintura, baje con suavidad para venir a colocar esa mano entre los omoplatos, con los dedos apuntando hacia el cabello.

Luego de la pausa, levante la mano igual de delicadamente como la colocó.

Este gesto procura relajación y confianza. Aprovéchelo para reacomodar sus campos energéticos.

Luego, masajee los hombros / 2 min

Aceite las manos.

Masajee delicadamente, pero con firmeza, los hombros, luego los omoplatos para relajar la parte alta de la espalda.

Luego, aceite un poco la espalda.

Relaja las tensiones acumuladas en los hombros y los omoplatos.

2. Sacuda ligeramente la columna / 2 min

Con los dos índices y dedos mayores de cada lado de la columna, baje de a dos vértebras y regrese de a una vértebra. Este movimiento es suficientemente vigoroso.

Llegados a las cavidades de los riñones, haga un movimiento de balanceo tres veces, con la mano abierta y con la punta de los dedos un poco en el aire, y envíe la energía hacia los pies.

EL CANAL DE LA ENERGÍA A LO LARGO DE LA COLUMNA VERTEBRAL DESPEJADA Y LIMPIA PROCURA UNA RELAJACIÓN Y UNA ENERGÍA NUEVOS.

3. En posición de descanso, sacro / 1 min

Ponga la palma de la mano derecha sobre el coxis con los dedos sobre el hueso sacro, en dirección a la cabeza.

Ejerza una leve presión; la mano en contacto con una ligera vibración permanece ahora en el masajeado.

Al final de la pausa, levante delicadamente la mano.

PODER DEL FUEGO DE LA ENERGÍA DEL HUESO SACRO: IMAGINE LA SERPIENTE DE LA KUNDALINI RECOSTADA EN LA BASE DEL CUERPO Y DE LA COLUMNA. SU CALOR IRRADIA TODA LA PARTE BAJA DE LA ESPALDA, APORTANDO SANACIÓN Y VITALIDAD.

4. Abra el portal de la columna / 1 min

Ponga sus manos a cada lado del hueso sacro, con los dedos apuntando hacia la cabeza.

Con los dos pulgares, abra cada lado del hueso sacro. El gesto alternativo es vivaz y sigue por todo el hueso sacro.

ESTA TÉCNICA LIBERA EL HUESO SACRO Y DISPERSA EL FUEGO DE LA VITALIDAD A LO LARGO DE LA COLUMNA.

5. Suba a lo largo de la columna / 2,5 min

Ponga su mano izquierda sobre el coxis y, con la otra mano, suba a lo largo de la columna vertebral la energía que acaba de ser liberada. Llegue hasta la nuca y dulcemente pase por encima del cabello.

Alterne con la otra mano con rapidez y presión.

Esta es una posibilidad de simular el movimiento de la serpiente de la kundalini.

LIBERA DEFINITIVAMENTE LAS TENSIONES PARA EL EQUILIBRIO Y LA INTEGRIDAD DE LA PERSONA, AL HACER CIRCULAR SU ENERGÍA.

6. Apoye la columna. Primera parte / 3 min

Vuelva a la cabeza, ponga las manos de cada lado de la columna vertebral y descienda hasta la parte baja de la columna, suba por los flancos mientras los levanta ligeramente. Igualmente, estire su cuerpo para relajarse.

Varíe la presión y la velocidad.

Sople en un movimiento más yang mientras desciende, con el fin de vaciar sus pulmones, e inspire al volver a subir.

REGENERA LA ENERGÍA MENTAL TRANSPORTADA Y REUTILIZADA BAJO LA FORMA DEL FUEGO SEXUAL.

7. Golpee en la puerta trasera del palacio escarlata / 1,5 min

Las muñecas están muy flexibles, la mano casi cerrada haciendo un círculo con los dedos.

Golpee de una manera suelta sobre la región del corazón entre los omoplatos.

Pregúntele al masajeado si no son muy fuertes los golpes, especialmente si tiene problemas cardiacos.

Varíe el ritmo sin golpear muy fuerte cuando el movimiento se acelere.

EL FUEGO ES ATIZADO Y SIMULA LA ENERGÍA DEL CORAZÓN. ES EL FUEGO ALEGRE DEL CORAZÓN.

8. Golpee el portal de la columna / 1 min

Haga lo mismo sobre los riñones, pero un poco más suave.

No dude en ir hacia las nalgas, donde se puede golpear con más fuerza.

Estimula como si fuera un tambor el fuego original. La energía sexual se acomoda en el hueso sacro.

9. Mezcle el fuego original y el fuego alegre / 2 min

Sitúese en la cabeza, con las manos sobre los omoplatos. Descienda por los flancos y suba de cada lado de la columna con los pulgares bien apoyados en los caminos de cada lado de la columna.

No dude en estirar igualmente la espalda y la nuca cuando regrese.

Alianza de energías del corazón y del sexo.

10. Sostenga la columna. Segunda parte / 3 min

Vierta algunas gotas de aceite sobre el coxis, el cual usted va a encontrare sobre el perineo. Avísele al masajeado.

Ponga las manos a cada lado de la columna vertebral y baje hasta el perineo, luego suba por los flancos.

Despeje ligeramente el suelo del valle (entre las nalgas y la región del perineo) con los dedos o con el filo de la mano.

Dé tres pequeñas vueltas sobre el perineo antes de volver a subir.

Libera toda la tensión de culpabilidad y de vergüeza.

11. Posición de descanso, en la cima de los muslos / 3 min

Ponga las manos en la parte alta de los muslos y suavemente balancee lateralmente todo el cuerpo de una forma elástica.

Ayuda a asimilar la estimulación recibida hasta ahora, tanto a nivel corporal como mental.

12. Posición de descanso de los tobillos externos / 30 s

Ponga una mano sobre el hueso externo de cada tobillo, acogiéndolo en la cuenca de la mano.

Cuidado, no separe las piernas del masajeado ni apriete con el pulgar ni haga una especie de brazalete con los dedos.

Estas posiciones de descanso permiten que la excitación descienda. Es un momento de integración muy importante para el masajeado.

Ancla la fuerza corporal y revigoriza los dos lados del cerebro y de los ojos.

13. Conduzca el agua / 3 min

Alejándose de los pies. Las manos suben por el interior de las piernas sobre los meridianos yin. Suba con extrema lentitud hasta el perineo, separe las manos y vuelva a bajar más hacia el yang por el lado externo de las piernas.

Libera las inhibiciones sexuales.

14. Despierte el agua / 3 min

Acaricie el interior y el exterior de las nalgas con la punta de los dedos, o suavemente con el filo de la mano, pasando sobre el perineo.

Estimula y despierta las aguas de la vitalidad sexual.

15. Abra y cierre el portal de la mortalidad / 1,5 min

Haga círculos sobre el perineo con un pulgar, en el sentido de las agujas del reloj.

Habrá una satisfacción o no del deseo sexual, sobre el plano físico y material, según lo que se decidió al comienzo del masaje. O se le habrá propuesto transmutar esta energía al comienzo del deseo para su inmortalidad espiritual y su salud adquirida.

Si detiene el masaje en este momento para un encuentro íntimo, se aconseja terminar esta técnica del masaje yendo hacia la cuarta fase del masaje en el rostro, con el fin de ayudar a su pareja a volver a un estado de conciencia normal.

CAMBIE DE POSICIÓN / 1 min

Pídale al masajeado que se coloque bocarriba.

FASE 3. MASAJE BOCARRIBA

1. En posición de descanso, centro cardiaco / 1 min

Coloque lentamente y con suavidad su mano en el centro del pecho, con los dedos apuntando hacia el sexo.

INSTALA LA CONFIANZA Y LA SEGURIDAD; EQUILIBRA EL CAMPO ENERGÉTICO.

2. Rompa el flujo / 2 min

Sitúese al costado del masajeado para hacer un masaje horizontal entre el pecho y el ombligo.

Parta del lado opuesto con una mano, y hale horizontalmente hacia sí mismo. Cuando una mano llega hasta el final, la otra sigue en el mismo movimiento, y así continúan.

ESTE MASAJE HORIZONTAL ROMPE MOMENTÁNEA-MENTE EL FLUJO VERTICAL DE LA ENERGÍA PARA DAR EQUILIBRIO Y DESCANSO. HAY UN VIGOR DE SANGRE PURIFICADA Y SE RELAJA EL DIAFRAGMA.

Luego haga el mismo gesto, empujando con la palma de la mano.

3. En posición de descanso, plexo solar / 1 min

Adopte una posición de descanso con la mano sobre el plexo solar, con los dedos apuntando hacia abajo.

DINAMIZA EL PLEXO SOLAR, TONIFICA EL CONJUNTO DEL SISTEMA NERVIOSO Y RELAJA EL DIAFRAGMA.

4. Construya el fuego bajo el horno / 1,5 min

Aceite el vientre con un aceite bien cálido en la cavidad de sus manos. Coloque las manos paralelamente, y desplácelas simultáneamente en un movimiento circular alrededor del ombligo, en el sentido del movimiento de las agujas del reloj. Termine con un gesto ligero como utilizando una pluma, con el fin de contactar las energías más finas y las más profundas.

AUMENTA LA ENERGÍA Y LA VITALIDAD GLOBAL .

5. Ponga la mano sobre el abdomen inferior / 1 min

Mantenga una mano delicadamente colocada sobre el pubis y el sexo.

AUMENTA LA ENERGÍA DE LOS RIÑONES. APORTA SEGURIDAD Y CONFIANZA.

6. Golpee en las puertas del palacio escarlata
/ 1 min

Las muñecas están flexibles, la mano casi cerrada haciendo un círculo con los dedos.

Dé golpecitos de una manera suelta y ligera sobre la región del corazón.

Tenga cuidado de golpear las glándulas mamarias.

Pregúnte al masajeado si los golpes no son muy fuertes.

Relaja al juez interior, libera las inhibiciones.

7. Armonice el fuego y el agua. Primera parte
/ 3 min

Ponga las manos sobre las clavículas, y baje lentamente hasta el hueso púbico, luego vuelva a subir por las costillas, contorneando los senos.

El descenso es muy yin, la ascensión muy yang. No dude en hacer el movimiento descendente muy lentamente y de manera ligera, como si la mano abierta fuera una pluma. Varíe la presión y la velocidad. Espire mientras baja, e inspire al subir.

Aceptación del yo y confianza.

8. Reciba los cinco (dedos) / 5 min

Siéntese al lado del masajeado. Coloque la mano del masajeado sobre la suya en el muslo, con el fin de que se relaje.

Consienta sucesivamente y con delicadeza la primera falange de cada dedo, como si fuera una pluma, comenzando por el meñique: 1 min en cada dedo. Termine en el pulgar.

Estimula la fuerza sexual en el pecho y en la parte alta del cuerpo.

9. Conduzca el fuego / 2 min

Tome la mano de su pareja, con la palma hacia arriba, en su mano interior.

Con su mano exterior, suba muy yin por el interior de los brazos, hasta la axila. Apoye bien sobre el músculo pectoral en la unión con el brazo, luego englobe el hombro con su mano y baje yang por todo el largo del brazo.

Repita tres veces.

Libera las tensiones de las manos y de los brazos. Disipa los bloqueos y ayuda a zafarse del apego que quiere controlar los eventos y la vida.

Repita por el otro brazo las etapas 8 y 9 completas.

10. Acérquese al palacio escarlata / 1 min

Coloque los dedos de cada lado en las axilas y apriete los músculos pectorales. Con sus pulgares, haga una pequeña rotación sobre los músculos pectorales en el sentido de las agujas del reloj.

Disuelve todo bloqueo energético, aumenta la circulación vital.

11. Abra las puertas del palacio escarlata / 2 min

Coloque las puntas de los dedos de la mano izquierda en el centro del esternón, y deje deslizar la piel sobre esta parte en círculos lentos, iguales, en el sentido del movimiento de las agujas del reloj.

Abre la energía del corazón, crea la confianza, libera los sentimientos de euforia y de alegría.

12. Armonice el fuego y el agua. Segunda parte / 3 min

Ponga las manos sobre el pecho y descienda muy yin, con una presión y una velocidad igual hasta el perineo. En el caso del hombre, pase con ligereza sobre los órganos genitales. En el caso de la mujer, pase con ligereza sobre los labios y el clítoris.

Luego, separe las manos a la altura de las caderas y suba más yang sobre las costillas. Al pasar por allí, los pulgares acarician los pezones de los senos. Este movimiento debe ser muy lento y suave.

Crece la energía sexual de manera exponencial.

13. Suba las escaleras de la pagoda de jade

A. Pausa bajo los hombros / 30 s

Deslice las manos bajo los hombros, la parte alta de la espalda, con la punta de los dedos toque cada vértebra al subir.

B. Descanso de la nuca / 2 min

Pase una mano por la parte de atrás del cráneo con un movimiento lento, suave pero firme; haga girar la cabeza de un lado sobre su mano, y con la otra efectúe un masaje, estirando los músculos a partir del hombro, del lado del cuello y luego en la nuca.

Cuando un lado esté terminado, mueva la cabeza de una mano hacia la otra y repita.

AYUDA A REDUCIR EL EGO AL QUE LE GUSTA CONTROLAR EL CUERPO; RELAJA LAS TENSIONES MUSCULARES DE LA NUCA Y LAS ACTITUDES RÍGIDAS.

C. Estire la columna / 1 min

Las dos manos están en forma de copa sobre la cabeza. Permanezca allí tranquilamente.

Luego, hale con las manos hacia atrás, estirando suavemente la columna vertebral; luego suelte delicadamente la cabeza.

EL CUERPO ENTERO SE RELAJA, LA MENTE SE LIBERA. CON TODA SEGURIDAD LA PELVIS Y LAS CADERAS PUEDEN ABRIRSE CON SENSUALIDAD.

14. En posición de descanso, con las manos sobre las sienes / 1 min

Coloque las manos delicadamente sobre las sienes.

El cuerpo asimila toda la información sensual recibida hasta el momento.

15. En posición de descanso, tobillos internos / 30 s

Vaya a los pies del masajeado y coloque las manos sobre los tobillos internos. Evite apretar con los pulgares.

Estabiliza las sensasiones con un sentimiento de seguridad.

16. Vuele sobre el suelo / 1,5 min

Suba muy lentamente y muy yin por el interior de los gemelos, hasta llegar a las rodillas. Cuando llegue a estas, envíe la energía hasta las partes genitales por medio de un pequeño golpe en la parte alta de la rodilla, y descienda yang por el lado externo hasta los tobillos.

Estimula las energías de la tierra y da a la energía sexual una calidad de estabilidad y de anclaje.

17. Despierte al dragón / 2,5 min

Con las manos colocadas sobre las rodillas, siempre muy yin y muy lentamente, suba al interior de los muslos, donde se unen con el perineo, siguiendo los pliegues de la ingle. Luego descienda yang por el exterior hasta las rodillas.

Se siente la energía sexual pasar por el cuerpo, y libera su presión poco a poco.

PARA LAS MUJERES

18. Abra el portal de confianza / 5 min

A. Masajee la ingle / 2 min

Aceite bien las manos y relaje la ingle. Con las manos bien abiertas haga un movimiento de atrás hacia delante, una mano después de la otra.

Hágalo de un lado, luego del otro.

B. Masajee delicadamente el *yoni* / 2 min

Las manos suben al interior de los muslos y se encuentran en el perineo.

Suavemente, deslice la punta de los dedos a lo largo del interior de los labios superiores, hasta la parte baja del clítoris. Baje y acaricie, a cada lado, el exterior del *yoni*.

Palpe y enrolle suavemente cada labio con el pulgar y el índice, y luego los dos labios juntos.

ESTA TÉCNICA ELEVA LA INTENSIDAD DE LA ENERGÍA SEXUAL, Y NO DEBE SER CONSIDERADA ÚNICAMENTE COMO UNA FORMA DE MASTURBACIÓN.

C. Atice el fuego / 3 min

Con la punta de un dedo, presione suavemente en el sentido del movimiento de las agujas del reloj sobre el clítoris. Luego, haga girar la piel alrededor del capuchón del clítoris.

Esta técnica eleva la energía sexual a un nivel sin precedentes y puede crear un gran estado de éxtasis.

Un orgasmo espontáneo puede desatarse, pero no debe ser el objetivo del ejercicio. Con el fin de beneficiar plenamente el efecto de esta técnica, se recomienda no ceder a la tentación de interrumpir el masaje en este punto.

EQUILIBRA TODA LA ENERGÍA DEL CUERPO Y DINAMIZA EL CONJUNTO DEL ORGANISMO.

PARA LOS HOMBRES

18. Abra el portal de confianza / 5 min

Luego de estas técnicas refinadas, la energía sexual puede elevarse a nivel del éxtasis o de la conciencia modificada sin precedentes. Se recomienda, sin embargo, no ceder a la tentación de la relación sexual.

A. Masajee la ingle

Aceite bien las manos y relaje la ingle. Con las manos bien abiertas, haga un movimiento de atrás hacia delante, una mano después de la otra.

Hágalo de un lado, luego del otro.

B. Masajee delicadamente la *vajra*

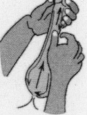

Tome la piel del escroto entre las dos bolsas y estírela, no es doloroso. Masajee suavemente cada testículo sin apretarlos. Sosténgalos en sus manos cálidas, con el fin de hacer penetrar profundamente la energía en el portal de la confianza.

Tome el asta del sexo en una mano y con el pulgar de la otra, deslice lentamente la base hacia el glande en la línea media. Luego, baje con el pulgar y el índice por cada lado.

Dinamiza el sistema energético.

19. Atice el fuego / 3 min

Con la punta de los dedos, presione suavemente por toda la superficie del glande en el sentido del movimiento de las agujas del reloj.

Sostenga el sexo con una mano y con la otra, en forma de domo, gire algunas veces con suavidad, como si estuviera exprimiendo un limón.

SU EFECTO VIGORIZA LA ENERGÍA SEXUAL Y EL CONJUNTO DEL CUERPO.

20. Armonice el conjunto / 5 min

Yin: con la punta de los dedos muy ligeramente.

Yang: con toda la palma de la mano, firmemente.

Comience en los tobillos internos y con la punta de los dedos, con un gesto suave y global. Suba muy yin por el interior de las piernas hasta el perineo.

Separe las manos y suba por los costados del cuerpo rozando ligeramente. Luego pase por la parte delantera de los hombros.

Comience a bajar yang por el exterior de los brazos hasta las muñecas. Suba de nuevo muy yin por el interior de los brazos hasta las axilas y las clavículas.

Baje de nuevo yin por la línea media del esternón, hasta el pubis.

Pase por el exterior de las caderas, los muslos y baje muy yin a cada lado de las piernas, hasta los tobillos externos.

Reanude el movimiento, si es necesario.

CONECTA, ARMONIZA E INTENSIFICA TODAS LAS ENERGÍAS DEL CUERPO.

21. En posición de descanso, sostenga la pelvis / 1,5 min

Pídale al masajeado levantar la pelvis, ayudándose con las rodillas, con el fin de pasar su mano y que la pelvis repose su base sobre esta.

Ponga una mano bajo el hueso sacro y hale ligeramente. Coloque la otra mano sobre el pubis. Permanezca en esa posición treinta segundos, luego estire la columna retirando lentamente la mano que está debajo.

Engendra un sentimiento profundo de confianza y de gratitud.

22. Cubra al masajeado / 1 min

Cubra al masajeado, pues la energía va a bajar a su fase final. Limpie sus manos.

Si se comprometieron a tener una relación sexual ahora, para una perfecta armonía, complete luego el masaje con las siguientes técnicas sobre el rostro.

FASE 4.
SECUENCIA FINAL SOBRE EL ROSTRO

1. Rocíe las flores de los riñones / 1 min

Se trata de las orejas.

Coloque los dedos detrás de las orejas y masajee entre los pulgares y los otros dedos. Masajee todos los pequeños pliegues hasta que las orejas estén calientes.

REFUERZA LOS RIÑONES, AUMENTA EL NIVEL DE VITALIDAD MEDIO. APORTA OPTIMISMO.

2. Abra las puertas hacia el pasaje misterioso / 1 min

Se trata de la frente.

Apoye los pulgares sobre el medio de la frente, luego deslícelos hacia las sienes.

UNE EL CUERPO ESPIRITUAL, MENTAL Y EMOCIONAL ALREDEDOR DEL EJE VERTEBRAL.

3. En las órbitas del sol y de la luna / 1 min

Se trata de los ojos.

Sostenga las cejas entre el pulgar y el índice, comenzando por la cima de la nariz y estirando hacia el exterior, hasta la punta de las cejas.

Continúe en el párpado inferior, desde el exterior hacia el interior, haciendo una suave presión con los pulgares.

Evite permanecer mucho tiempo sobre los huesos, pues el ojo es muy delicado.

ARMONIZA LAS ENERGÍAS YIN Y YANG, ABRE LAS PERSPECTIVAS DE LA VIDA.

4. Alimente el hogar central / 30 s

Se trata de las mejillas.

Con los pulgares, masajee desde el costado de la nariz y estire hacia el exterior.

Repita varias veces.

ALIVIA LOS ÓRGANOS DIGESTIVOS, DESPEJA LOS SENOS. ALEGRA EL TEMPERAMENTO.

5. Refuerce la voluntad / 30 s

Se trata del mentón.

Tome el mentón entre los pulgares y la punta de los dedos, como si sostuviera la barbilla.

AUMENTA LA DETERMINACIÓN Y LA POTENCIA DE LA VOLUNTAD.

6. Agarre la mandíbula / 30 s

Agarre la mandíbula inferior de cada lado del mentón, y libere la región de las tensiones musculares inútiles.

Libera las emociones estancadas.

7. Retire la máscara / 30 s

Coloque las palmas de las manos a cada lado de la nariz, con los dedos señalando hacia abajo. Extienda lentamente el rostro, desplazando sus manos hacia el exterior, hasta los costados de la cabeza. Mantenga una presión moderada y una cadencia regular. No estire el rostro hacia abajo.

Retira la máscara de la persona. Engendra un profundo sentimiento de paz.

8. Golpee la puerta del pasaje misterioso / 30 s

Se trata del medio de la frente.

Golpee muy ligeramente la zona del medio de la frente con la pulpa de los dedos.

Conduce al masajeado a un estado de conciencia normal.

9. En posición final de descanso: la frente
   / 1 min

Dé un paso atrás, alinee los brazos. Estire el dedo índice y colóquelo en el medio de la frente, ejerciendo una leve presión.

Levante la otra mano para que haga las veces de antena y recupere la energía.

Permanezca muy centrado durante un minuto, sin moverse.

Retire suavemente la mano.

RENUEVA EL ESPÍRITU, DA LUZ DE SANACIÓN.

Invite a su pareja a tomarse todo el tiempo necesario para integrar los efectos positivos del masaje y vaya a lavarse las manos hasta los codos.

Después de una contemplación silenciosa, compartan íntimamente sus sentimientos. Luego, creen una bella relación de fusión por medio del saludo namasté en son de agradecimiento (ver descripción al comienzo del masaje).

¡Les deseo mucha felicidad!

Agradecimientos

A los numerosos amigos que me han apoyado y animado en el proyecto de dejar por escrito este método motivado por mi fuego, pero propagado hasta ahora de una manera un poco confidencial, solamente por medio de mi palabra y de mi enseñanza.

Primero, a Marisa Ortolan y Jacques Lucas, mis colegas, mis amigos, luego a Nital Brinkley y Roger-Michel Berger, quienes lanzaron la idea de escribir mi experiencia, pero más que todo por convencerme y animarme a realizar este trabajo.

A la valiente Marina, quien hizo tantas idas y venidas entre Ginebra y Aviñón para asistirme y acompañarme en mis talleres, y por sus lecturas y correcciones por Internet. Le estoy muy agradecida.

Luego, a Shiva Joseph y Francine, siempre llenos de información; y por la ayuda de Joseph, quien me confió generosamente los pequeños pictogramas que aclaran las diferentes técnicas del masaje y que ilustran el propósito de este libro.

Gracias a Marie A., con quien pude compartir, en su hogar parisiense, su delicada visión al ayudarme a superar las cosas vividas, verdaderas y sinceras, con una infinita delicadeza.

A Anne-Marie Duclos, quien corrió hasta mi casa en Aviñón para leer y corregir el libro durante todo un fin de semana. Gracias.

Y a Boualem, quien regresa y saborea las palabras con tal placer: la energía de vida está ahí, entre los renglones. Es bueno compartir esto contigo.

Gracias a mis talleristas y asistentes, con quienes pude concretar tantas experiencias bellas, y por sus testimonios: a los amigos y bellos conocidos que jamás terminaría de nombrar.

A mis grandes y magníficas nietas Solène y Astrid, les agradezco estar ahí conmigo llenas de ternura, complicidad y amor. Mi Solène, estoy orgullosa de tu ayuda espontánea en la diagramación y la tabla de contendido de esta obra, donde constaté que le diste forma, viéndote divertirte, trabajando como una profesional. ¡Bravo!

De todo corazón, les digo ¡GRACIAS!
Sentí mucha alegría escribiendo este libro, cuyo tema estaba concentrado en mis años de experiencia y de enseñanza.

Al alba de mi cumpleaños número setenta, siento la necesidad y la riqueza de transmitir todo mi saber enriquecido a sus encuentros. Con todo el placer les presento mi página de Internet para ofrecerles una degustación de los talleres que animo:

www.coline.org